EDITORIAL
SHANTI NILAYA

Procedimiento abreviado sin obstáculos
El método de tres pasos desde una perspectiva humanista

1a edición, 2025 | Editorial Shanti Nilaya®
Diseño editorial: Editorial Shanti Nilaya®

X: @fgurzaiz
IG: @faustogurzaiz
TikTok: @frg723
FB: Fausto R. González Urzaiz

ISBN | 978-1-966206-48-4
eBook ISBN | 978-1-966206-49-1

www.editorial.shantinilaya.life

Fausto Rolando González Urzaiz

**

Procedimiento abreviado sin obstáculos

El método de tres pasos desde una perspectiva humanista

EDITORIAL
SHANTI NILAYA

**

PROCEDIMIENTO ABREVIADO SIN OBSTÁCULOS

El método de tres pasos desde una perspectiva humanista

DEDICATORIAS

A mi amada compañera de vida (LNGA), quien tomó la audaz decisión de subirse conmigo al mismo barco para surcar los mares infinitos del conocimiento, el crecimiento, la experiencia y el amor inagotable.

A mi muy querido hijo, compañero de mil aventuras, con el que he recordado paso a paso las etapas del desarrollo de la personalidad del individuo y que, con su sabiduría silvestre, es mi maestro humanista por excelencia.

A mi estimado pastor y mis hermanos creyentes que no cesan en su lucha por conducir nuestras vidas hacia la hermosa presencia de nuestro padre amoroso y eterno.

A mi brillante maestro de civismo de la secundaria, de nombre reservado, a quien le debo la primera chispa de interés en el estudio de las ciencias jurídicas y, especialmente, en la protección de los derechos fundamentales de las personas.

A quienes han luchado conmigo hombro con hombro en esta travesía hacia la construcción del sistema penal acusatorio mexicano: magistrados, jueces, fiscales, defensores, asesores y todos aquellos que en algún momento se identifican como operadores del proceso penal adversarial.

A los defensores incansables de los derechos fundamentales que creen en la Constitución y exigen su observancia día con día, para sí mismos, para sus compatriotas y para todo aquel que se encuentre en nuestro territorio nacional, con el enorme deseo de que jamás se rindan ni se retiren de esa lucha interminable.

A todos los que aman la libertad, a quienes les dedico un especial saludo en el apartado correspondiente.

Agradecimientos

Al magistrado E. García, que se tomó el tiempo para leer mis borradores y escribir un excelente prólogo para esta obra y, sobre todo, por tantos años de amistad.

A mi asesora de escritura, A. Nieto, a quien considero autora intelectual del proceso que culminó con la materialización de esta obra que resultó ser mi proyecto del año.

A mis lectores cero: E. Medina, C. Pérez, G. Santillán, K. Lomelí, M. Mendoza y R. Pimentel.

A todos aquellos que, durante el ejercicio de escritura de este libro, aceptaron participar en el divertido juego de hacer preguntas sobre el procedimiento abreviado y de esa manera fueron enriqueciendo el contenido de la obra que ahora les presento a todos los lectores.

ÍNDICE

Para comenzar

Introducción

¿Así que el método de tres pasos?

Así se lo habrán preguntado algunos. Pues bien, antes de responder esa pregunta, me permito comentar brevemente de dónde surgió la inquietud de iniciar la escritura de esta obra.

Podría pensarse, y es en parte cierto, que la idea de escribir este libro surgió a raíz de que los días ocho y nueve de febrero de dos mil veinticuatro, se llevó a cabo el Intercambio Interinstitucional de Experiencias en Materia de Procedimientos Abreviados, en la Casa de la Cultura Jurídica en Tijuana "Ministro Luis Bazdresch", entre juzgadores, defensores y agentes del Ministerio Público.

No obstante, un aparente punto de partida casi siempre me remite a uno o varios eventos anteriores, y, así, he pensado que este interés por el procedimiento abreviado y otras figuras similares tiene en mí raíces aún más profundas, que se remontan a la primera vez que leí la expresión de Couture (s.f.) que decía: "el día que encuentres en conflicto el derecho con la justicia, lucha por la justicia".

Y, aun así, podría escarbar todavía un poco más en mi pasado y descubrir que ese momento en el que hallé tan interesante mandamiento fue a su vez el resultado del interés que tuve por vez primera en el estudio del derecho; y eso fue, aunque tal vez aún no implicaba una decisión definitiva, al cursar la escuela secundaria, como lo habrán notado los que leyeron las dedicatorias.

Así es, por raro que parezca, fue en las clases de civismo, en las que tenía un muy buen maestro (mientras llego a alguno de los siguientes apartados voy a pensar si comparto o no su nombre, o tal vez se lo pregunte si logro localizarlo) que las hacía sumamente amenas, donde empecé a interesarme por nuestra legislación; la cual, en ese momento, se limitaba para mí al capítulo de garantías individuales (como se llamaba en ese entonces) de la Constitución Política de los Estados Unidos Mexicanos, y a saber que existía también el famoso 123, que protegía los derechos de los trabajadores.

Por eso me llama tanto la atención ver que algunas personas van por la vida como si no supieran que existe nuestra Carta Magna o como si estuvieran convencidas de que eso que les enseñaron como parte de su educación básica es poco más o menos que uno de los tantos cuentos de hadas que les contaban durante su infancia unos minutos antes de la hora de dormir. Y, por consiguiente, espero que mis queridos lectores no sean de esa clase de personas, y que en caso de que alguno lo sea, éste considere seriamente que nunca es tarde para reencauzar una actitud y mejorar los propios hábitos.

Más adelante, en la preparatoria, tuve un maestro de Historia, con formación académica de abogado y apasionado por la investigación; un hombre tan aguerrido que llegaba a convertir las aulas de clases en verdaderas salas de enjuiciamiento a fin de demostrar la humanidad de los personajes históricos y despojarlos de las etiquetas de héroes y villanos.

Y así fue como tuve, en aquel tiempo, una motivación más para indagar lo que realmente era el mundo de la abogacía, la cual, sumada a otros estímulos que fueron acumulándose durante mis tres años de bachillerato, me condujo a la decisión final de dedicar mi vida al estudio del derecho.

También cabe mencionar que, entre los eventos nombrados, hubo también un suceso adicional en el año dos mil uno, que me condujo de lleno a dedicarme a las tareas relacionadas con la administración de justicia. De modo que en ese año, famoso por la caída de las torres gemelas en la ciudad de Nueva York precisamente el once de septiembre (peculiar felicitación de cumpleaños para aquellos a los que nos tocó nacer en esa fecha), tuve la fortuna de formar parte de la primera generación de la entonces llamada "Especialidad en secretaría de estudio y cuenta"; un programa de estudios impartido por el Instituto de la Judicatura Federal.

Fueron alrededor de seis meses de estudio intensivo, durante los cuales empezaban mis clases a las siete de la mañana y concluían a las nueve de la noche. Viví mañanas intensas en las que bajaba del metro Moctezuma cuando todavía estaba empezando a amanecer y veía la diaria instalación de los puestos de comida, así como anocheceres en los que me acomodaba en un vagón casi vacío y reflexionaba durante el camino de regreso a casa sobre todo lo aprendido durante la jornada recién finalizada.

Fueron meses en los que auténticamente supe lo que era vivir en otra ciudad y compenetrarme de los detalles de su día a día, hallar los lugares más prácticos para comer entre clase y clase, y para buscar información e incluso realizar las impresiones correspondientes a los trabajos que quedaban pendientes para los fines de semana.

Seis meses que al final me trajeron una doble gratificación pues, por un lado, concluí satisfactoriamente el programa de estudios, lo que a toda persona suele darle gusto hasta por el llamado "valor curricular", mientras que, por otra parte, se me abrió la puerta para incorporarme al equipo de trabajo de uno de los tribunales que habían pasado a formar parte del vigésimo séptimo circuito, en aquel entonces recién inaugurado, con sede en Quintana Roo.

Claro que afirmaciones como éstas podrían conducir a otras preguntas, tales como «¿Por qué escribir sobre el procedimiento abreviado y no sobre la suspensión condicional?», «¿Por qué sobre el procedimiento abreviado y no sobre perspectiva de género?», «¿Por qué procedimiento abreviado y no justicia para adolescentes?», y un largo etcétera. Asimismo, sería una labor interminable descartar de manera individual cada uno de los posibles temas de interés existentes en el mundo del derecho; por ejemplo, tampoco se estudia en un juicio de amparo cada causa de improcedencia para establecer si se actualiza o no.

Y, a todo esto, la verdadera respuesta nos ubica, ahora sí, en el punto principal de partida, es decir, en el conversatorio celebrado en el mes de febrero de dos mil veinticuatro. En dicho evento fungieron como facilitadores, entre otros funcionarios, el juez de distrito, Luis Manuel Cota Salcido, como integrante del Centro de Justicia Penal Federal, y la agente del Ministerio Público de la Federación, Brenda Nelyza Guerrero.

En esa actividad se destacaron, además de otros temas de interés, las políticas para las autorizaciones de procedimientos abreviados en instancias de procuración de justicia y la problemática que plantean las reducciones de pena que por escaso margen (incluso días) hacen inviable la procedencia de un beneficio y conllevan a que el caso deba llegar a la etapa de juicio oral.

Por parte de la Fiscalía General de la República se precisó que, una vez autorizada la reducción de una pena, no resulta procedente la reconsideración de ésta; asimismo, se destacó que, para considerar la existencia de un antecedente penal, es necesario que se cuente con una sentencia firme, es decir, que ya haya causado ejecutoria.

Y así, los defensores públicos federales recalcaron la importancia de notar que en la procuración y administración de justicia no se trabaja con meros números, sino con seres humanos que tienen sentimientos, proyectos de vida y múltiples relaciones familiares.

Al final, todos los participantes se retiraron con la esperanza de que continuaran abiertos estos canales de comunicación y que nos condujeran hacia la construcción de procesos más ágiles para todos los interesados, y muy especialmente para los justiciables.

Desde luego, esto no significa que la presente obra intente ser un colofón de lo discutido en la reunión mencionada, ni que se trate de una colección de memorias de la misma, sino más bien de un reconocimiento a la importancia destacada en esa actividad acerca de la figura del procedimiento abreviado como parte integrante del sistema penal acusatorio en nuestro país.

De esta manera, puedo decir que este libro ha sido, para mí, el proyecto del año pasado, pues este año tuve la experiencia que me sirvió como detonante para tomar la decisión de iniciarlo. Ese año lo empecé y ese año lo terminé, y con esto, cualquier posible propósito de año nuevo que haya tenido en mente el treinta y uno de diciembre anterior pasó a segundo plano, mas eso no significa que haya quedado descartado y mucho menos en el olvido.

Ahora bien, seguramente algunos de los lectores se habrán preguntado: «¿Qué es un procedimiento abreviado sin obstáculos?», o bien «¿por qué establecer un método de tres pasos para trabajar con el procedimiento abreviado?», o incluso, «¿pero es que acaso existe la posibilidad de eliminar todos los obstáculos?».

En primer lugar, cabe distinguir los dos tipos de obstáculos que he identificado en estos seis años que he estado dedicado de lleno al proceso penal acusatorio, dentro del cual, por supuesto, he podido observar que el procedimiento abreviado juega un papel primordial.

El primer obstáculo por vencer, como muchas veces lo he notado, es el desconocimiento de esta figura como forma de terminación anticipada del proceso, debido a que, al tener dudas, en la mayoría de los casos no expresadas, sobre el mencionado concepto, se entorpece y a veces hasta se imposibilita la comunicación entre una parte y otra, así como el ir y venir de información entre las partes y el juzgador.

Así, también se dificulta e incluso se bloquea la comunicación que debe tener cada interviniente consigo mismo, es decir, ese diálogo interior que normalmente constituye la base toral de la toma de decisiones y que, cuando no es lo suficientemente fluido, genera el consecuente estancamiento mental y entorpece el camino hacia el hallazgo de la solución idónea a la situación que cada persona está viviendo.

Luego, el segundo obstáculo es el relacionado con el arribo a los acuerdos necesarios para obtener esta solución anticipada que, como en su momento lo veremos, depende en gran parte de lo que logren consensuar los intervinientes durante la etapa inicial del proceso y, en algunos casos, en la primera fase de la etapa intermedia; y, ¿por qué no?, de que intenten dar nuevas soluciones además de aquellas que nuestra legislación procesal parece ofrecernos de una manera más evidente.

Por consiguiente, es deseable e incluso indispensable que nos aventuremos a explorar más allá de lo que logra apreciarse a simple vista o, mejor dicho, de una lectura más o menos superficial de los textos legales; que recorramos sus recovecos y hasta sus laberintos; que entremos y salgamos de ellos una y otra vez para llevar a cabo un nuevo descubrimiento en cada uno de estos viajes.

En consecuencia, he decidido estructurar este método en tres pasos, con el objetivo principal de abarcar en forma integral el tema del procedimiento abreviado en la mayor medida de lo posible. Para esto, he tomado en cuenta que al preguntarles a las personas, sin importar si se dedican a la abogacía o no, qué les gustaría saber acerca de esta forma de terminación anticipada del proceso (o de alguna otra cuestión), suelen quedarse sin respuesta, o bien, con mucho esfuerzo, plantean alguna pregunta más o menos escueta que difícilmente alcanzaría para escribir un capítulo completo.

De conformidad con lo anterior, procedo a presentar los tres pasos del método propuesto. El primero consiste precisamente en comprender los aspectos generales del procedimiento abreviado; el segundo hace referencia a la negociación entre las partes técnicas; y el tercero se enfoca en la toma de acuerdos con los intervinientes no técnicos. Evidentemente, los sujetos procesales en los que se centra esta propuesta no incluyen, al menos no de manera preponderante, a otros intervinientes, como las policías, los intérpretes y otros auxiliares. Esto es así debido a que, como irá viéndose durante el desarrollo de la obra, el procedimiento abreviado es una solución que se construye a partir de la voluntad de las personas directamente interesadas en el conflicto, es decir, en una negociación.

De esta manera, es obvio que la participación de ciertos intervinientes puede ser muy útil en lo tocante a otras cuestiones procesales, a fin de aportar información que en un momento dado servirá de base a la decisión del juzgador. Y también queda claro que la labor del intérprete puede ser crucial al momento de lograr la cabal comprensión de esta forma de terminación anticipada del proceso por parte de aquellas personas que no entiendan suficientemente el idioma castellano, por lo que lo ideal sería que dominaran los idiomas tanto en el aspecto técnico como el coloquial y fueran, por ello, unos auténticos magos de la traducción.

No obstante, son cuestiones que no se vinculan directamente con los elementos esenciales del procedimiento abreviado y, aunque el entendimiento es crucial a la hora de la negociación, no es el objetivo de este libro examinar las maneras de superar todos y cada uno de los problemas de comunicación que podrían presentarse durante un proceso penal.

Desde luego que no existen métodos ni trucos infalibles para obtener lo que uno quiere en todo momento y en el menor lapso posible; pero he estimado que la metodología que aquí propongo será de gran ayuda a la hora de allanar el camino hacia una más pronta solución de los conflictos de relevancia penal a los que puedan enfrentarse los lectores, ya sea desde la posición de abogados defensores, agentes del Ministerio Público o asesores de víctimas y ofendidos.

Lo plasmado en el párrafo anterior no significa que la lectura de este libro esté reservada exclusivamente a los instruidos en el derecho procesal penal actual, pues se pretende que, por el contrario, sea una obra entendible por todo el público en general.

Entonces, la intención es abarcar a un público integrado por abogados, estudiantes y todos los que deseen que estos conocimientos se vuelvan o sigan siendo parte de su acervo cultural, ya que, a fin de cuentas, cada una de las personas que interviene en una cadena relacionada con la procuración e impartición de justicia puede ser, en un momento dado, el eslabón más débil, incluyendo, dicho sea de paso, a los observadores aparentemente ajenos al proceso pero que van dando a conocer lo sucedido en una u otra audiencia por medio de notas periodísticas o mediante comentarios de boca en boca o de dispositivo en dispositivo.

Tales comentarios, si no se emiten con responsabilidad, a veces acaban salpicados de afirmaciones distorsionadas e incluso cargadas de contradicciones internas, pues, como lo ha dicho Josué Vicente Ocegueda Hernández (s.f., p. 1), "los usuarios de las redes socio-digitales se convierten en jueces y parte, peritos en nutrición, legisladores, criminólogos, forenses, sin más certificación que el pulgar arriba".

Como quien dice, en este cuarto libro, aunque ya no sea de cuentos, procuro mantener el mismo propósito que mencioné desde la publicación de mi primera obra literaria. Claro que no se trata de ir numerándolos y hablar del libro uno, el dos, el tres y luego el cuatro, que sería este mismo, puesto que cada uno de ellos ha sido escrito en un momento diferente, en un contexto distinto y con un diverso objetivo, con las respectivas satisfacciones de lo más variadas que me han traído, por lo que considero que no hay mucho que comparar entre unos y otros. Además, sus características físicas, como dimensiones, colores y diseños, son tan discordantes entre sí, que sería difícil que a alguien se le ocurriera integrarlos en una especie de colección. Es más, si yo tuviera un ejemplar de cada uno de los cuatro en un mismo librero, sería muy probable que los acomodara en espacios totalmente separados.

Y, bueno, subsiste la interrogante: ¿cuál es el dichoso propósito? Que mis libros sigan siendo lo suficientemente digeribles a fin de que el lector pueda disfrutarlos en un corto lapso, como, por mencionar un ejemplo, "durante un viaje de avión" (2008, texto de contraportada), y confío en que para muchos será incluso antes de la primera escala.

En efecto, este trabajo está dirigido tanto a los abogados como a otros profesionales de ramas afines al quehacer judicial e incluso a todo aquel que tenga el deseo de comprender un poco más sobre las formas de terminación anticipada del proceso, a fin de que nadie se sienta como un extraño en relación con el sistema de administración de la justicia penal en particular, y del derecho en general, en el territorio de los Estados Unidos Mexicanos.

Lo anterior, con el objetivo de que las normas que protegen a nuestros compatriotas no se conviertan en letra muerta o, como lo dicen algunos con una mezcla de tristeza y sarcasmo, en relatos de ficción, pues si bien no podemos considerar una obligación generalizada para todos los pobladores del país ser peritos en derecho, lo cierto es que sí resulta deseable que cada persona cuente, como parte de su acervo cultural, con ciertos conocimientos generales sobre sus derechos y obligaciones.

Es por eso que a lo largo de la obra se lucha por mantener un lenguaje sencillo, dentro de lo posible, y se incluyen deliberadamente ciertas expresiones coloquiales que se espera produzcan, hasta donde se logre, esa sensación de familiaridad que a veces necesitamos como lectores para identificarnos con los autores y continuar disfrutando de los libros que, de otro modo, podrían estar condenados al abandono antes de ser leída la mitad de sus páginas.

Claro que esto no significa que haya decidido desterrar de este texto los términos técnicos propios de la materia, ya que estoy convencido de que su principal utilidad estriba en brindarle precisión a aquello que se lee y de que, además, resultaría paradójico que alguien, por muy nuevo que sea en el tema, terminara de leer un libro sobre el procedimiento abreviado y, al presenciar una audiencia de tal naturaleza, no comprendiera las expresiones que en ella se utilicen.

Así también, con independencia de lo anterior, he hecho el intento de evitar las flagrantes barrabasadas en las que nadie está exento de caer durante las conversaciones de café en las que, al calor de las bromas entre amigos, suele decirse una cosa por otra o, como se diría en cuanto a términos jurídicos, citarse una figura en vez de otra, de las que prefiero no poner ejemplos para que no parezca un ataque personal contra alguien que, de casualidad, se haya equivocado de palabras alguna vez.

Desde luego que no se trata de un documento escrito con absoluto rigor científico, por lo que me he tomado ciertas licencias, como la utilización intencional del estilo informal y el incluir leves variaciones en la manera de realizar algunas citas. Especialmente me he permitido sustituir los números de página por los números de registro cuando se trata de criterios publicados en el Semanario Judicial de la Federación, a fin de facilitar su consulta.

Y también aclaro que estamos en el entendido de que las fechas asentadas como últimas actualizaciones de las normas que se van mencionando se refieren a las que fueron tomadas en el momento mismo de realizar su consulta por parte del autor de esta obra.

En definitiva, y como en todo trabajo, es necesario acudir a ciertas referencias bibliográficas, pero, por otro lado, se intenta también rescatar esa información no escrita que va adquiriéndose con la experiencia, a la cual me he tomado la libertad de adicionar la opinión individual del mismo autor. Y esto no es porque yo piense que tengo la última palabra; al contrario, estoy firmemente convencido de que muchos de los lectores tendrán opiniones tan válidas como las mías, puesto que considero, como lo sabrán aquellos que me siguen en las redes sociales, que la vida profesional nos va conduciendo poco a poco del punto en el que fuimos principiantes hasta aquellos momentos en los que vamos convirtiéndonos, cada vez más, en aquellos sujetos a los que ya no hay casi nada que contarles.

Asimismo, cabe destacar que se ha realizado un especial esfuerzo por incluir, en la mayor medida posible, diversas reflexiones, propias y ajenas, acerca del derecho a la reparación del daño, ya que, como bien me lo comentó un respetado colega, se trata de una deuda muy importante que tiene pendiente el estado mexicano con la ciudadanía.

¿Será el método definitivo? ¡Eso sí quién sabe! Bien dice la sabiduría popular que "cada maestrito con su librito". Por tanto, puedo decirles que éste es el método que yo propongo y con el que yo explicaría la figura del procedimiento abreviado si alguien me lo pidiera, pero, desde luego, cada uno es libre de tomar la parte que le sea de utilidad y, en su momento, integrar su propia metodología personalizada para entenderla y hacerla entender a otros.

Pero, ahora, ¿por qué se habla en el subtítulo sobre una perspectiva humanista? Definitivamente, esa pregunta no voy a dejarla sin respuesta, aunque será respondida en el capítulo correspondiente.

Elogio a la libertad

"Entonces todos podrían hacer lo que quisieran".

Se ha entendido la libertad en la primera acepción proporcionada por la Real Academia Española (s.f.) como la "facultad natural que tiene el hombre de obrar de una manera o de otra, y de no obrar, por lo que es responsable de sus actos", lo que puede decirse que equivaldría a tomar decisiones propias con sus consecuencias incluidas.

Eso me recuerda que hace algunos años, cuando estaba impartiendo la materia relacionada con el juicio de amparo en una universidad de Cancún, se presentó una situación en la que uno de mis alumnos no llegaba porque había tenido un percance en el que estaba involucrado un agente de la dirección de tránsito municipal, por lo que le pedí a otro estudiante que fuera a ver si su compañero estaba bien o si necesitaba ayuda.

A raíz del incidente, se inició en el aula una conversación sobre una serie de derechos fundamentales que posiblemente estaban siendo violentados con la actuación del policía mencionado, lo que condujo a alguien a manifestar que "entonces todos podrían hacer lo que quisieran". Ante su planteamiento, simplemente le dije: "Sí". Y luego agregué que, en realidad, esa debería ser la regla general, la existencia de una humanidad en total libertad; libertad que solamente debería restringirse en casos que de verdad fueran excepcionales, y no hablaba yo únicamente de las restricciones a la libertad deambulatoria, sino que mi intención era referirme a absolutamente todas las libertades, como la intocable libertad de pensamiento, la libertad de expresión y la de hacer o no hacer en sentido amplio, entre otras.

Libertad de pensamiento, esa misma libertad que he señalado como intocable, porque realmente lo es, ya que su restricción resulta prácticamente imposible; podría, en el mundo fáctico, atentarse contra la libertad de expresar las ideas, pero aquello que sucede en la mente humana, solamente podrá ser modificado en la medida en la que cada individuo lo permita.

Y esto nos lleva a hablar, ahora sí, de la libertad de expresión, esa misma a la que hace referencia el artículo 6.º de la Constitución Política de los Estados Unidos Mexicanos (1917) al expresar que "la manifestación de las ideas no será objeto de ninguna inquisición judicial o administrativa", y que "toda persona tiene derecho al libre acceso a información plural y oportuna, así como a buscar, recibir y difundir información e ideas de toda índole por cualquier medio de expresión".

Como ya se ha comentado anteriormente, el ejercicio de este derecho sí puede ser materialmente restringido; y el propio precepto constitucional en cita enumera los casos en los que dicha restricción será legalmente procedente, es decir, "en el caso de que ataque a la moral, la vida privada o los derechos de terceros, provoque algún delito, o perturbe el orden público".

Gran problema nos plantea la existencia de estos casos de excepción, pues, por una parte, todo el mundo sabe, de manera general, el significado de tales conceptos; sin embargo, es innegable que, entre los profesionales del derecho, jamás existirán acuerdos totalmente homogéneos sobre el alcance de cada uno de ellos. Y por otro lado, tampoco puede soslayarse el hecho de que también existen límites para la protección de los bienes jurídicos antes referidos, ya que sería inadmisible la permisión de conductas francamente atentatorias contra la comunidad, al grado de incluso estar dotadas de relevancia penal, so pretexto de salvaguardar a ultranza ciertos aspectos de moralidad o privacidad, entre otros.

Del mismo modo, la libertad genérica de hacer o no hacer debe acotarse lo menos posible, para que sus restricciones queden reservadas para los casos en los que su ejercicio realmente implique una afectación a los derechos de otros o a la propia sociedad de la que se forma parte.

¿Vivir en libertad es vivir sin normas?

Al leer esta pregunta, algunos rebeldes a ultranza habrán pensado que sí, mientras que otros, entre los que se encuentran aquellos que suelen navegar bajo la bandera de la sensatez, se habrán imaginado que la respuesta sería un rotundo "No". Sin embargo, lo cierto es que la respuesta a esta pregunta sería "En parte sí y en parte no", lo cual podría ser chocante y desconcertante para ambos grupos de apostadores.

No obstante, tampoco es mi intención reiterar lo dicho ya por muchos en el sentido de que no es lo mismo libertad que libertinaje (como lo sostendrían los partidarios de un mundo con reglas), o bien, en la otra cara de la moneda, que las reglas se hicieron para romperse (como lo afirmaría el bando contrario). Y, de hecho, he de decirles que me parece que esa respuesta podría constituir la base de lo que muchos conocen como "principio de mínima intervención". Así es: pienso que, en términos generales, todos podemos vivir sin reglas, hasta que llega el momento en el que la existencia de la norma se hace necesaria, lo cual ocurre, precisamente, al detonarse el conflicto.

En efecto, dado que cada persona forma parte de una u otra comunidad, llegará el instante en el que el ejercicio de sus derechos y libertades represente una aparente oposición a las prerrogativas de otro u otros individuos, y habrá que preguntarse quién está actuando dentro de los límites tolerables y quién está rebasando esas delgadas y casi invisibles **líneas** divisorias. Entonces, será en ese preciso momento cuando deberá entrar en escena el marco normativo, el cual permitirá, en la mayoría de los casos, encontrar una pronta solución a la controversia. Es así como la norma viene a ser la piedra de toque o el punto de partida, la solución previamente establecida, en abstracto o en términos generales, para cuando se presenten casos concretos en los que se actualice la hipótesis que contempla.

Luego, la libertad nos abre la puerta y nos da la bienvenida a un mundo sin reglas, salvo para los casos de controversia, así como las normas procesales también están previstas para el caso en el que los involucrados en el conflicto tengan dudas sobre cómo materializar aquello que prevé como solución la regla aplicable a dicha controversia. De modo que, en un primer escenario ideal, cada persona ejercería libremente sus derechos sin interferir con los de otros; sin embargo, ante la falta de ese primer panorama, nos ubicaríamos en el segundo.

En consecuencia, nos hallaríamos ante aquella hipótesis en la cual, frente a un posible conflicto de intereses, los involucrados acudirían a la norma aplicable y, con base en ella, hallarían una pronta solución que podría entenderse como una libre composición.

Un punto intermedio entre el indicado anteriormente y el que aquí conoceremos como un tercer escenario, sería el de algunas figuras como la amigable composición; tal cual se hace referencia a ella en la Enciclopedia Jurídica Latinoamericana del Instituto de Investigaciones Jurídicas de la Universidad Nacional Autónoma de México (2006, p. 347), que la define como:

> Una forma de solucionar conflictos de intereses entre las partes por obra de terceros amigos de ambas, sin sujetar sus procedimientos a normas de derecho preestablecidas y sin apegarse para la decisión más que a la equidad y a la buena fe.

Asimismo, Rafael de Pina y Rafael de Pina Vara (2008, p. 116), la definen como el "arreglo de un conflicto de intereses existentes entre particulares de acuerdo con el leal saber y entender de amigables componedores designados al efecto por los interesados".

Como puede observarse de lo expuesto y citado en los párrafos que anteceden, al optar por las referidas formas de solución, los afectados prescindirían de todo ordenamiento de carácter procesal. Por tanto, podemos sostener válidamente que, sólo ante la ausencia de las soluciones pacíficas, se hace necesaria la intervención de un tercero legalmente instituido que dirima la controversia mediante el procedimiento legalmente establecido, con lo que se llega al escenario que actualmente conocemos.

Desde luego que en ese tercer escenario se justifica la existencia de las normas tanto sustantivas como adjetivas, aunque eso de ninguna manera debería traducirse en un impedimento para que cada persona mantuviera su propia actuación dentro de ciertos límites socialmente saludables, más por convicción que por verlo como una obligación.

Por consiguiente, de todas las definiciones de libertad que proporciona la Real Academia Española (s.f.), aunque la primera, de la que ya hemos hablado, me parece bastante clara, mi favorita sigue siendo la quinta, que dice: "En los sistemas democráticos, derecho de valor superior que asegura la libre determinación de las personas".

En fin, me considero un verdadero amante de la libertad; tan es así que, durante mi juventud, precisamente en esos años en los que cursaba la preparatoria, fui invitado a un concierto de jazz en el que tocaría un estimado compañero de la escuela y, al final del evento, él me preguntó qué canción me había gustado, a lo que le respondí que mi favorita había sido precisamente una composición a la que ellos habían llamado "Libertad". Desgraciadamente, ese grupo de jazz recién formado no tardó mucho en disolverse y, hasta la fecha, no he dado con la manera de oír nuevamente esa canción que, entre las del concierto, fue la que más me agradó.

Por todo lo anterior, y tomando en cuenta que este apartado está dedicado, como ya se ha dicho, a elogiar la libertad, doy la bienvenida a esta lectura a todos aquellos que vean en el procedimiento abreviado una herramienta más para reducir las restricciones a la libertad a su mínima expresión y, por ende, exacerbar el ejercicio de todas las libertades en la máxima medida posible.

¿Es un libro para estudiantes de la licenciatura en Derecho?

¿Cómo? ¿Otro libro de texto?

No precisamente, ya que no se trata, como una de mis obras anteriores, de un curso básico para estudiantes, el cual fue redactado cuando estaba impartiendo en una universidad una asignatura relacionada con el juicio de amparo y, más que expresar mis propias opiniones, lo que me interesaba era que mis alumnos comprendieran la materia.

En cambio, actualmente no estoy dedicado a enseñar a los alumnos de las escuelas lo que es el procedimiento abreviado y, además, dudo que en algún plan de estudios incluyan una materia que esté enfocada **única y** exclusivamente en esa figura procesal.

Sin embargo, eso no significa que este libro no pueda ser leído por estudiantes, pero sería solamente como un complemento de sus otras experiencias de aprendizaje, ya que nunca está de más ir conociendo los puntos de vista de los diferentes autores a fin de no quedarse únicamente con lo plasmado en algún libro "de texto" o de lectura obligatoria para el acreditamiento de cada una de las asignaturas; pues, eso sí, estoy convencido de que cada nueva visión sobre un objeto de estudio contribuye al enriquecimiento intelectual de su observador. Además, ¿quiénes si no nuestros queridos estudiantes de Derecho tendrían más curiosidad por empaparse de la mayor cantidad posible de conocimientos jurídicos?

Efectivamente, alguna vez fui estudiante y puedo decir que fue una experiencia inolvidable y que marcó, al menos para mí, una etapa de la vida incendiada por el deseo de saber y de ir comprendiendo poco a poco cada uno de los vericuetos que habrán de ser recorridos en el ejercicio de la futura profesión.

Por otra parte, y atendiendo a cuestiones de compatibilidad, también es muy posible que para algunos sean más entendibles las palabras de un autor que la forma de expresarse de otro. Por lo que esta obra incluso podría resultar de utilidad como material de apoyo y arrojar claridad adicional sobre los temas que aquí se comentan, si es que a alguien le acomoda en mayor medida que las páginas integradas a su libro de cabecera.

A esto se suma el hecho de que, al no ser un trabajo estrictamente académico, quiero pensar que cuenta con la relativa ventaja natural del lenguaje coloquial, con el cual espero que la experiencia de lectura resulte lo suficientemente amena para la mayoría de aquellos que tomen la decisión de iniciarla, incluyendo, desde luego, a los estudiantes (o, mejor dicho, empezando con ellos).

Lo anterior, debido a que nada me causaría mayor satisfacción que enterarme de que, en su momento, fueron más los que llegaron al final que quienes desistieron a medio camino (y que a la mitad de su viaje en avión o en autobús cerraron el libro y mejor optaron por ver una película o entretenerse con un juego de video, o bien, por ponerse unos audífonos para disfrutar de su música favorita).

¿Es un libro para profesionales del derecho o estudiantes de posgrado?

¿Será esto la condensación de un programa de especialidad o de maestría?

Desde un primer abordaje a esta pregunta, me parece prudente recordar a Couture (s.f.) cuando ha dicho "estudia" y ha afirmado que "el derecho se transforma constantemente", a lo que añade que "si no sigues sus pasos, serás cada día un poco menos abogado".

Con base en estas aseveraciones, y desde mi perspectiva de abogado, consideraría una buena idea hacer un espacio en la agenda del día a día para leer las obras publicadas por otros colegas acerca de temas jurídicos vigentes en nuestros días, dado que nunca está de más mantenernos al tanto de contenidos actualizados que estén a nuestro alcance.

Asimismo, tal vez podría pensarse que el abogado ya graduado y consumado no necesitaría leer un material explicado en un lenguaje sencillo, pues se espera que sea conocedor de la terminología propia de la disciplina en la que está formado. No obstante, como lector, casi siempre se agradece la existencia de las obras escritas con claridad y, en la medida de lo posible, libres de términos excesivamente abstractos o incluso ambiguos, y ya ni qué decir de las ocasiones en las que, para entender un concepto poco claro, es necesario acudir a otro de características similares.

Desde luego, no está de más invitar al lector a realizar un ejercicio mental que le permita desentrañar un texto con cierta complejidad, pero tampoco debe pasarse por alto el hecho de que se corre el riesgo de conducir a cada destinatario a una interpretación diferente y, por ende, a distintas conclusiones. Esto, a su vez, puede llegar a producir, en algunos casos, escenarios en los que cada persona sostiene una postura opuesta a la de la otra y hace referencia a lo que en su momento entendió, pero como si así lo hubiera expresado el autor del libro, aduciendo, además, que tiene "los pelos de la mula en la mano".

Una vez sentado lo anterior, considero que no tiene nada de malo que, si buscamos una lectura ligera para disfrutar de un momento de tranquilidad, optemos por un material que, además, guarde relación y nos invite amigablemente a reflexionar sobre aspectos vinculados de manera directa con nuestras labores diarias.

De cualquier manera, si entre mis colegas hay alguno que considere que por su experiencia y preparación ya no está para entretenerse con libros de fácil lectura, también puedo entenderlo y de ninguna manera me ofendería que compraran esta obra "para regalar". Y así podrían tomarse la libertad de leer en la intimidad de sus respectivos hogares o despachos; además de que, de todos modos, sus comentarios y observaciones sobre el libro también pueden hacérmelos llegar mediante un mensaje privado, por lo que tal vez en la versión final incluya alguna dirección electrónica para comunicaciones secretas.

A fin de cuentas, lo más importante es que disfruten el libro, así como yo sigo disfrutando a ratos de ver en Internet los videos de las pláticas de mi antiguo maestro de historia a pesar de los años transcurridos y de que también he seguido formándome en las diversas ramas del conocimiento.

Como conclusión de esta sección, y al margen de todo lo anterior, la lectura de un libro constituye siempre una oportunidad para asomarse a ciertos vericuetos de la forma de pensar de su propio autor, expresados como resultado de momentos deliberadamente dedicados a la reflexión, a los que quizás no se tendría acceso mediante interacciones cotidianas en el trabajo o charlas de café, y a veces ni siquiera en conferencias.

¿ES UN LIBRO DE CONSULTA?

¿Uno más para la biblioteca del despacho?

Si esta pregunta se respondiera atendiendo a la mera literalidad, considero que la respuesta sería un rotundo sí, puesto que la Real Academia Española (s.f.) define el verbo *consultar* como "buscar documentación o datos sobre algún asunto o materia", entre otras acepciones.

Con base en lo anterior, podría decirse que prácticamente todas las obras literarias de no ficción deben considerarse como libros de consulta, precisamente porque cada persona va a leerlos de manera parcial o total con el fin de ganar información acerca de algún tema. Pero entonces, veamos, ¿cuál es el aspecto que distingue a un libro de consulta de otro que no lo es? En realidad, es simplemente la forma en la que el dueño de cada ejemplar decida emplearlo, es decir, la finalidad para la que cada uno lo utilice. Ergo, desde mi perspectiva, la respuesta obligada a esta interrogante sería: "eso depende de la decisión de cada uno".

En efecto, mi intención al escribir este libro ha sido, como lo he manifestado abiertamente a lo largo de estas páginas, que los lectores lo disfruten de pasta a pasta, pero no por eso voy a descartar la posibilidad de que alguien quiera conservarlo para referencias futuras o que incluso, de ser el caso, cite una o varias de las afirmaciones del autor.

Claro que, para eso último, no sería indispensable que primero se llevara a cabo una lectura del ejemplar completo, pues si alguien lo incluye, junto con otros, dentro de una lista de obras a revisar como parte de un trabajo de investigación, lo más probable es que consulte su índice y se dé a la tarea de buscar precisamente la información que necesita para el caso específico.

De cualquier modo, espero que algunos guarden sus respectivos ejemplares en sus bibliotecas personales; y no sólo como un recuerdo, sino también como parte de un legado mayor que en algún momento habrán de dejarles a sus sucesores para que disfruten de los libros que el padre, tío o abuelo haya estado leyendo a lo largo de su vida.

Sin embargo, igualmente espero que, por encima de los bienes materiales, leguen a las generaciones venideras el recuerdo de vidas intachables que, para aquellos que vengan después a este mundo, constituyan verdaderos ejemplos a seguir y auténticas brújulas para orientarlos en el camino de la ética, el profesionalismo, la probidad e incluso la moral.

Aun cuando hay mucha gente que sostiene categóricamente que la moral es relativa, tampoco debemos pasar por alto que el relativismo es una de las puertas que conducen hacia la mediocridad, y que, si bien es cierto que la Real Academia Española (s.f.) define lo moral como aquello "que concierne al fuero interno o al respeto humano, y no al orden jurídico", también lo es que, en la primera acepción del vocablo, refiere que se trata de lo "perteneciente o relativo a las acciones de las personas, desde el punto de vista de su obrar en relación con el bien o el mal y en función de su vida individual y, sobre todo, colectiva".

Luego, ¿cómo no va a ser deseable un actuar apegado a la moral si entendemos ésta a partir de sus vínculos con el bien y el mal y con un enfoque dirigido a la colectividad que, en el día a día, constituye la comunidad en la que vivimos?

En otras palabras, ¿no sería lo más deseable que todos los profesionales del derecho y todas las personas interesadas en la materia o en otras afines se esforzaran en lograr el bien común?

El procedimiento abreviado desde una perspectiva humanista

"El humanista jurídico encuentra caminos inexplorados por aquellos que agotan su saber en la ley".

Eso ha dicho Guillermo Tenorio Cueto (2007) y es que, en efecto, si el derecho existe para regular la conducta humana, es necesario que, para su verdadera comprensión, se tomen en cuenta todos, o casi todos, los aspectos relacionados con el ser humano.

Esto es especialmente cierto si contemplamos el enfoque humanista en el sentido más amplio posible, es decir, sin ceñirnos estrictamente a todas y cada una de las posturas de quienes a lo largo de la historia hayan sido conocidos con la etiqueta de humanistas. Entonces habremos de tomar en cuenta que al estudiar cualquiera de las ciencias referidas a los seres humanos deben tenerse presentes, en la medida de lo posible, todas las características de esta misteriosa especie. Por consiguiente, para comprender el procedimiento abreviado o cualquier otra figura jurídica, no basta con leer una y otra vez, e incluso memorizar, lo que la ley establece al respecto.

Desde luego que no es mi intención dar a entender que es necesario prescindir del texto legal, ya que este último resulta indispensable como punto de partida para la comprensión del marco normativo dentro del que se mueve un determinado grupo humano. Sin embargo, así como debe atenderse a lo plasmado por el legislador en cada norma general, también resulta de suma importancia el estudio periférico de los conceptos contenidos en tales disposiciones.

De esta manera, además de desentrañar el sentido que los autores de la ley han querido darle a cada párrafo, también habrá que reflexionar sobre el impacto y las repercusiones que tendrá su aplicación en la vida de las personas a las que cada disposición va dirigida. Y al decir vida, no me refiero exclusivamente a lo que por lo común conocemos como esfera jurídica, sino al concepto holístico que engloba todo aquello que forma parte del día a día de cada individuo.

En otras palabras, es menester tomar en cuenta que la vida de una persona abarca todas aquellas experiencias que tiene desde que se levanta hasta que nuevamente llega la hora de irse a dormir; y que inclusive pueden prolongarse más allá al disfrutar de esos primeros minutos de descanso durante los cuales transita de la total vigilia hacia el embotamiento paulatino de la sensibilidad; y también, ¿por qué no?, al explorar la información almacenada en el subconsciente mediante las imágenes y los sonidos que se perciben por medio de sueños.

Y si vamos a hablar de sueños, habrá que incluir, a no dudarlo, una acepción diversa de ese término, referida a las aspiraciones y anhelos que cada uno alberga en lo más íntimo de su ser, lo que incluso podría dar pie al inicio de otro estudio enfocado hacia lo que se conoce como expectativa de derecho, para lo cual, evidentemente, se tendrían que escribir uno o varios libros que abordaran ese apasionante tema de una manera más específica.

Por otra parte, y así como se ha destacado la importancia de tomar en cuenta a las personas directamente afectadas por la norma jurídica, también debe hacerse referencia a la trascendencia de los puntos de vista de quienes intervienen, o mejor dicho experimentan indirectamente, la puesta en práctica de aquello que manda la ley. De este modo, en la presente obra he procurado tener especialmente presente a cada uno de los intervinientes del proceso penal y compartir reflexiones atinentes a sus posibles puntos de vista.

En adición a lo anterior, y no con menos importancia, se encuentra el aspecto relativo a la mayor o menor experiencia de la persona que lleva a cabo el estudio y, por consiguiente, me he tomado la libertad de compartir este material desde lo que he podido observar durante los años que me he dedicado de lleno a fungir como operador del sistema de justicia penal acusatorio.

Por eso, cuando alguien me preguntó (y, por cierto, ya decidí no proporcionar nombres) cuál sería el enfoque de este estudio, mi primera reacción fue acudir al sentido figurado y responder: "gran angular". Esto fue con referencia a la toma de imágenes fotográficas con ese tipo de lente. Imaginémoslo; se trata de lentes que, en vez de dar el efecto de acercamiento, hacen lo contrario, generan la impresión de lejanía en cuanto al objeto que vamos a fotografiar.

Sin embargo, esa aparente lejanía nos permite ver el objeto de una manera más completa en vez de concentrarnos en alguno de sus detalles, lo que, trasladado a un campo de estudio, nos produce la idea de un primer vistazo al tema a analizar, el cual nos motivará a considerarlo como un todo y, posteriormente, ir examinando cada una de sus partes.

Claro que no es mi intención incluir en este libro un estudio especializado desde el punto de vista de cada una de las disciplinas relacionadas con el ser humano, ya que para eso se requeriría de todo un equipo multidisciplinario y tal vez del llenado de varios tomos.

Por consiguiente, ese tipo de trabajo excedería por mucho los alcances de esta obra que, entre otros aspectos, pretende ser lo suficientemente sencilla para un mejor entendimiento por parte de una comunidad global de lectores que llegue a ser lo más extensa posible a fin de incorporar un cierto conocimiento del derecho vigente como elemento integrante de la cultura general.

Una vez sentado lo anterior, estimo que ha llegado el momento de entrar en materia y abordar el estudio del procedimiento abreviado a través del método de análisis que aquí se propone, con sus ya mencionados pasos uno, dos y tres.

Paso uno

PASO UNO.

COMPRENDER LOS ASPECTOS GENERALES

"¿Dónde va Vicente? Donde va la gente".

Así lo dice el dicho popular. Sin embargo, cada uno podría preguntarse: ¿me subiría a un tren que dijera "DESTINO DESCONOCIDO"? Muy probablemente la respuesta sería negativa (sin descartar uno que otro espíritu aventurero con algo de tiempo libre), así que definamos, primero que nada, a qué queremos llegar.

Se dice comúnmente que un problema bien planteado es medio problema resuelto,[1] lo cual debe darnos una idea del porqué de la existencia de este primer paso: comprender los aspectos generales (del procedimiento abreviado). Así pues, antes de intentar obtener este tipo de solución al conflicto ventilado ante el juez de control dentro de un procedimiento penal de corte acusatorio,

1| Expresión de origen incierto, la cual, palabras más o palabras menos, es atribuida por unos a John Dewey y por algunos más a Charles Franklin Kettering, entre otros posibles autores de tal afirmación.

debemos tener en claro en qué consiste el procedimiento abreviado, ya que es importante conocer tanto el punto de partida como el sitio al que queremos llegar.

Esto es tan simple como realizar el sencillo experimento de pedir un servicio de transporte por medio de alguna de las plataformas electrónicas que existen en la actualidad; en las que vemos que uno de los pasos esenciales del proceso consiste en determinar nuestra ubicación actual seguida del lugar hacia el que queremos que nos lleve el socio conductor. Y ya ni hablar de la compra de pasajes para autobús o avión, en los cuales, necesariamente veremos que la disponibilidad y las tarifas dependerán en gran parte del destino elegido por el pasajero potencial. Lo anterior, por supuesto, al margen de otras dificultades que se derivan de las posturas del personal de algunas compañías, especialmente las aéreas, que tal parece que, en vez de buscar la manera de brindar el servicio, están pensando en diseñar estrategias para no transportar al cliente.

Esta cuestión la ejemplifica a la perfección Lewis Carroll (s.f., p. 688) en el siguiente pasaje:

> —¿Podría decirme, por favor, por dónde debo ir desde aquí?
>
> —Eso depende mucho de a dónde quieras llegar —dijo el Gato.
>
> —No me importa mucho a dónde… —dijo Alicia.
>
> —Entonces no importa qué camino tomes —dijo el Gato.

Sentado lo anterior, habremos de abordar la naturaleza del procedimiento abreviado, así como los beneficios que dicha figura es capaz de generar para cada uno de los intervinientes en el proceso penal acusatorio.

Naturaleza del procedimiento abreviado

Si buscamos una definición como tal, misma que la mayoría de los diccionarios de derecho no tienen, podemos acudir a la que proporciona el propio legislador, y así, advertimos que el Código Nacional de Procedimientos Penales (2014), refiere en su artículo 185 que "el procedimiento abreviado será considerado una forma de terminación anticipada del proceso".

De tal redacción, puede entonces inferirse que el procedimiento abreviado constituye la figura procesal en la que el legislador ordinario decidió recoger lo ya previsto en el artículo 20, apartado A, fracción VII, de la Constitución Política de los Estados Unidos Mexicanos (1917), en el sentido de que "una vez iniciado el proceso penal, siempre y cuando no exista oposición del inculpado, se podrá decretar su terminación anticipada en los supuestos y bajo las modalidades que determine la ley".

Por su parte, Manuel Valadez Díaz (2021, p. 3) define el procedimiento abreviado como "aquella fórmula de acuerdo, que finca su alcance jurídico en la administración de justicia penal integrando racionalidad y celeridad". En este sentido, distingue al procedimiento abreviado, como forma de terminación anticipada del proceso, de las soluciones alternas, entre las que contempla los acuerdos reparatorios y la suspensión condicional del proceso, según se desprende de su diverso numeral 184, y siendo que, desde luego, en las disposiciones subsecuentes, contenidas en los artículos que van del 186 al 200, va estableciendo las características peculiares de cada una de ellas... Por lo que se me está ocurriendo que probablemente valdría la pena escribirles su propio libro.

Del mismo modo, de la lectura del anteproyecto de dictamen de las comisiones unidas de justicia y de estudios legislativos, del Senado de la República (s.f.), se advierte que se habla del procedimiento abreviado como "una forma de terminación anticipada del procedimiento", y se explica que "el imputado reconoce su participación en un hecho delictivo" a lo que se añade que, en vía de consecuencia, "el Ministerio Público y el Juez valoran la pertinencia de reducir, en un margen acotado, la sanción que se impondrá al individuo".

Entonces, puede decirse que el procedimiento abreviado es una figura prevista en la legislación adjetiva con el objetivo de que el proceso penal llegue a su fin de manera anticipada, es decir, "antes del tiempo señalado o previsible, o antes que otra cosa", como se desprende de la definición proporcionada por la Real Academia Española (s.f.) al verbo "anticipar".

Por consiguiente, la primera idea que nos da esa disposición es que los legisladores pensaron en el procedimiento abreviado como un atajo, es decir, un camino más corto hacia el destino final, el cual, al estar ubicado dentro de un proceso judicial, será entonces el dictado de un fallo, pero en un breve término o antes de ciertos acontecimientos.

En otras palabras, se trata de que se dicte una resolución final, pero ahorrándose parte de las etapas por las que habría que transitar en circunstancias ordinarias, tales como la de juicio oral y, por lo menos, una parte de la etapa intermedia, como más adelante se verá. Es decir, no se trata simplemente de transitar rápidamente por el proceso en su totalidad, ya que si bien es cierto que algunos autores, como Ángel Brito Salcedo (2018, p. 135), definen el procedimiento abreviado como un "mecanismo de aceleración", también lo es que tal consideración no se basa en el hecho de que cada etapa concluya en menos tiempo.

Por el contrario, el procedimiento abreviado tiene como punto de partida un marco legal que permite la resolución del conflicto en un momento que se presenta con anterioridad a la celebración de la audiencia de juicio en la que, de ser el caso, serían desahogados los medios de prueba y oídos los alegatos formulados al respecto por cada una de las partes, para finalmente emitir una sentencia como colofón de la valoración de todo lo ocurrido durante ese mismo desfile probatorio.

En efecto, no es cuestión de agotar cada una de las fases procesales con mayor velocidad, sino que, por el contrario, lo que se busca es la sana omisión de las etapas finales, como si se tendiera una especie de puente, construido con la voluntad de las partes, que nos condujera de la audiencia inicial o, en el peor de los casos, desde la fase escrita de la etapa intermedia hasta la obtención de una resolución que ponga fin al procedimiento penal ya iniciado.

Se explica; si se toma en cuenta que, como se verá más adelante, la audiencia de procedimiento abreviado tiene lugar después del dictado de la resolución relativa a la vinculación a proceso, es evidente que se estará concluyendo el proceso penal después de agotada la etapa inicial, dado que **ésta** culmina precisamente con la emisión de dicha determinación.

Así también, se advierte que, como de igual modo se precisará en el apartado correspondiente, la oportunidad para elegir la forma de terminación anticipada del proceso no va más allá del momento en el que se emite el auto por el que se determina enviar los registros al tribunal de enjuiciamiento.

Por tanto, resulta obvio que la admisión del procedimiento abreviado podría llevarse a cabo incluso cuando ya se hubieran presentado los escritos de formulación y contestación de acusación, con lo que se agotaría la fase escrita de la etapa intermedia.

Esto nos permite entonces responder a diversas interrogantes relacionadas con la finalidad de esta curiosa figura procesal, es decir, ¿qué queremos lograr mediante un procedimiento abreviado?, o bien, ¿para qué necesitamos arribar a un procedimiento abreviado?

Dicho de otro modo, habría que preguntarse cuáles son las ventajas que las partes podrían advertir en el procedimiento abreviado, de manera que tomen la decisión de solicitarlo en lugar de simplemente agotar todas y cada una de las etapas del proceso penal, incluyendo la audiencia de juicio oral que, a decir de Brito Salcedo (2018, p. 135), constituye "el último recurso del que se dispone para impartir justicia".

Ventajas para las partes

En relación con la interrogante planteada y después de establecer las bases contenidas en el apartado anterior, llegamos a un punto en el que nuestra lógica natural tal vez nos diría que, si es una forma de terminación anticipada del proceso, está claro que lo que buscamos es que este último termine pronto o, al menos, lo más pronto posible.

Ésa sería una de sus finalidades, la celeridad o la economía procesal, como lo ha dado a entender la Primera Sala de la Suprema Corte de Justicia de la Nación (2022, reg. 2024606) al expresar que el procedimiento abreviado es "una institución procesal diseñada para hacer más eficiente el sistema y materializar la justicia restaurativa"; esto es corroborado por parte de Miguel Ángel Ruiz Sánchez (2016, p. 326) al referirse a esta figura como "una forma alternativa, más simple y de menor costo que el procedimiento ordinario", o bien, como "un mecanismo de descongestión del sistema penal".

En efecto, la principal ventaja del procedimiento abreviado es, básicamente, que elimina el conflicto, porque en vez de basarse en una pugna entre diversas partes ante el juzgador que ha de tomar una decisión final que resulte total o parcialmente favorable a las pretensiones de una u otra, se centra en la negociación.

No obstante, es imposible pasar por alto que esta negociación sacrifica en mayor o menor medida uno de los objetivos del proceso penal que es el esclarecimiento de los hechos, es decir, el conocimiento de la verdad histórica. Por consiguiente, habría que preguntarse qué tan grande puede ser ese sacrificio en comparación con los beneficios que pueden obtenerse si cada interviniente pone algo de su parte para llegar a una solución.

Esto es especialmente cierto si se toma en cuenta que el suceso siempre ha sido conocido por aquellos que lo vivieron, tanto de manera activa (es decir, los responsables de la conducta) como pasiva (como suelen serlo aquellos que resultaron afectados). Además, debe tenerse en consideración que, en un análisis humanista en sentido amplio, nunca debe perderse de vista que las sanciones previstas en las normas penales con todas sus implicaciones deben contemplarse realmente como la última solución.

Un ejemplo de ello podría ser lo sostenido por el Pleno de la Suprema Corte de Justicia de la Nación (2015, reg. 2009725) en la tesis de jurisprudencia 19/2015, en cuya parte conducente se plasma:

> Conforme al principio de ultima ratio que informa la potestad punitiva del Estado, en cuanto castiga con penas graves los ataques intolerables a los bienes jurídicos más importantes y, por otra, el legislador no se encuentra constreñido a tipificar penalmente toda conducta que resulte susceptible

> de transgredir la proscripción constitucional de utilizar los actos públicos de expresión religiosa, con fines políticos de proselitismo o de propaganda política; máxime que tales acciones u omisiones pueden ser sancionadas por medios menos lesivos o alternativos a la legislación penal.

Ese criterio, como algunos otros, pone en evidencia que en realidad no es necesario que en todos y cada uno de los casos en los que se ataque o ponga en riesgo un bien jurídico debe activarse el ejercicio de la acción punitiva del poder público en su máxima expresión.

Tanto se insiste en la existencia de las normas penales como último recurso, que autores como Bernd Schünemann (2007, p. 32) hablan incluso de la diferencia "entre una intervención legítima del derecho penal para la protección de bienes jurídicos y su abuso totalitario para la imposición de determinadas formas de vida".

Dicho lo anterior, es evidente que no está de más contar con la aplicación de remedios hasta cierto punto moderados como los que ofrece la forma de terminación anticipada del proceso, en la cual, sin abarcar todos los aspectos a los que se refiere un procedimiento penal, es posible ponerle fin a un conflicto.

Por otra parte, también hemos de tener en cuenta que las finalidades pueden variar dependiendo de la posición que ocupemos dentro del proceso de que se trate, es decir, de si estamos examinando la situación desde el punto de vista de la fiscalía, del imputado y su defensa, o de la parte ofendida (o víctima en su caso) y su asesor jurídico.

Desde luego que, como se trata de un sistema de procesamiento enfocado principalmente en la persona de cada justiciable, es importante prestar especial atención, en primer lugar, a los posibles deseos del imputado y de la víctima u ofendido.

En consecuencia, podemos preguntarnos, por ejemplo, qué es lo que esperaría obtener una persona ofendida mediante un procedimiento abreviado, y a ese respecto, la respuesta no es tan complicada: el ofendido quiere obtener pronto la reparación del daño, que es, para dicho interviniente, una de las finalidades primordiales del proceso, y que a su vez es, entre otras, de las previstas en el artículo 2.º del mismo código procesal antes mencionado, que indica:

> Este Código tiene por objeto establecer las normas que han de observarse en la investigación, el procesamiento y la sanción de los delitos, para esclarecer los hechos, proteger al inocente, procurar que el culpable no quede impune y que se repare el daño, y así contribuir a asegurar el acceso a la justicia en la aplicación del derecho y resolver el conflicto que surja con motivo de la comisión del delito, en un marco de respeto a los derechos humanos reconocidos en la Constitución y en los Tratados Internacionales de los que el Estado mexicano sea parte.

Ahora bien, para el imputado puede ser importante también la pronta finalización del proceso, en atención al desgaste que éste representa para cualquier persona; a lo que podría sumarse la carga adicional que significaría la vigencia de una o más medidas cautelares, de las cuales, a pesar de que muchos juristas insistan en señalar que no se trata de penas anticipadas, no puede negarse que, en la práctica, constituyen verdaderos actos de molestia para la persona investigada.

Esto puede deberse, por ejemplo, al sufrimiento que implica la prisión preventiva por su propia naturaleza, a los costos de transporte para cumplir con una presentación periódica, al hecho de no poder disponer de ciertos recursos económicos exhibidos como garantía, o a cualquier otro inconveniente similar que se generara como consecuencia de la prolongación en el tiempo de un procedimiento que, con la debida voluntad, podría darse por terminado en un lapso más breve.

Asimismo, debe tomarse en cuenta que, si bien es cierto que es un derecho del imputado el "no ser expuesto a los medios de comunicación" y "no ser presentado ante la comunidad como culpable", como lo señalan, respectivamente, las fracciones XIV y XV del artículo 113 del código en comento, en la práctica, resulta inevitable la necesidad de toda una cadena inquebrantable de cuidados para garantizar la materialización de tales prerrogativas.

Por consiguiente, es obvio que hasta el mínimo descuido (o, en algunos casos, un acto de mala fe) por parte de cualquier persona que haya tenido contacto con la información relacionada con un proceso penal, podría abrir la puerta a la violación de tales derechos y propiciar que los imputados sufrieran lo que ahora se conoce como "linchamiento mediático"; máxime que actualmente las audiencias son, en su mayoría, de carácter público, por lo que una vez concluidas resultaría materialmente imposible controlar la comunicación de persona a persona.

Esta preocupación ya ha sido expresada en su momento por José Luis Martínez Ocampo (2022), quien afirma que "nos hemos ido acostumbrando al linchamiento mediático y a la condena popular por la facilidad con que se difunde información a través de las redes sociales", y al respecto plantea la siguiente pregunta: "¿El principio de presunción de inocencia está en crisis?".

La práctica conocida coloquialmente con ese nombre consiste en la difusión de la situación en la que se encuentran las personas sujetas a algún proceso, adicionada con toda una serie de opiniones, no siempre favorables, por parte del que realiza la publicación. Además, a la opinión del publicador suelen sumarse las de todos aquellos que se toman la libertad de hacer comentarios al respecto, según lo señalado en un interesante artículo publicado en Internet por la Editorial Etecé (s.f.), en el sentido de que "las redes sociales funcionan como plataformas para el intercambio de información u opinión".

Este fenómeno también es identificado por algunos como ciberbullying, tal como se advierte, por ejemplo, de publicaciones de autores como Pablo Corona (2016) en las que se señala que "algunas formas de ciberbullying son […] publicaciones ofensivas en Blogs, foros, sitios web y redes sociales como Facebook, Twitter u otras". De esta manera, lo que empieza con el señalamiento (justificado o no) por parte de un primer observador va dando pie a que se le sume una avalancha de analistas autonombrados que virtualmente alzan la voz de una manera muy similar a la de las multitudes enardecidas de otros siglos que en su momento dieron lugar a grandes derramamientos de sangre.

Con esas antiguas prácticas, es evidente que difícilmente podía lograrse que los temas relacionados con la impartición de justicia se decidieran mediante un verdadero razonamiento que, a ratos, requiere de cierta frialdad y, en otros momentos, de algo de calidez y cercanía hacia las necesidades de cada uno de los seres humanos involucrados en el conflicto.

Desde luego que las simples palabras transmitidas por medios electrónicos o impresos no ocasionan por sí mismas un daño en la integridad física de las personas; sin embargo, tampoco debe perderse de vista que en muchas ocasiones se trata de afirmaciones que, de manera implícita o explícita, incitan al odio y al rencor; sentimientos que, por su propia naturaleza, pueden materializarse en conductas humanas que a su vez desencadenen consecuencias verdaderamente catastróficas. Así se advierte del texto publicado por Ocegueda Hernández (s.f., p. 1), en el que se lee que "estamos en la era de la convulsión social, de la polarización, de las reacciones inmediatas, aumentadas y en cadena; de los linchamientos que comienzan con un dispositivo móvil y trascienden a las plazas públicas".

Sobre este tema, cabe destacar que se trata de una práctica que en estos tiempos cobra dimensiones inimaginables, dada la facilidad con la que se cuenta, debido a los avances tecnológicos, para difundir información a diestra y siniestra sin necesidad de formar parte de una empresa informativa formalmente establecida en la que, en un momento dado, podrían aplicarse los debidos filtros y medios de control con la finalidad de evitar la divulgación de datos sensibles de las personas sujetas a procedimientos judiciales o de otra índole.

Lo anterior cobra especial relevancia si se toma en consideración lo sostenido por Victoriano Sánchez Cebrián (s.f., p. 6) en el sentido de que, "con el conocimiento, la ciencia y la tecnología en constante evolución, la humanidad avanza para ganar el futuro y los avances en la información y la comunicación no son una excepción".

Y es que, en efecto, los avances tecnológicos han tenido tal alcance que, como lo menciona el autor arriba citado, "hoy en día, nuestros hogares están repletos de dispositivos electrónicos" (p. 4), de modo que, con los instrumentos que existen casi en todas las casas, sus habitantes están en condiciones de publicar, y hacer llegar prácticamente hasta el último rincón del planeta, archivos electrónicos en los que pueden explayarse como escritores, periodistas, conductores, comentaristas, actores, músicos, cantantes y todo aquello que les permita la imaginación.

Listo, la operación de medios de comunicación masiva está al alcance de la gran mayoría de la población y esto abarca un amplísimo rango de grupos de edad y hasta parece competencia: A ver quién es el productor de contenido más joven, y ahora vamos a ver quién es el más viejo, y ahora quién es el que tiene ideas más originales, y quién comparte más archivos de texto por minuto, ¿y más archivos de audio?, ¿y qué tal los videos cortos?, ¿y los de larga duración?... Y así, sin darse cuenta, van filtrando información sensible, tanto propia como ajena, que puede ir desde el número de la casa o la placa del automóvil hasta la ubicación en tiempo real del local de moda que están visitando… muchas veces en compañía de alguien más.

En consecuencia, no sería precisamente para sorprenderse el hecho de que a algún incauto se le ocurriera compartir una publicación que dijera algo así como: "Hola, amigos, los saluda Viajerito Tres Mil… Aquí casual esperando a que empiece la audiencia de control de detención de Charlotita Bermúdez por sus pastillitas de colores".

Claro que los nombres los acabo de inventar y que esta situación daría pie a un largo debate sobre la conducta de "Viajerito Tres Mil" y la responsabilidad que pueda exigirle la tal "Charlotita", que por lo menos tendría que incluir la eliminación de la nota, y máxime si al capturar su protagónica imagen alcanzó a captar también la de algún familiar de la agraviada cuando cruzaba el pasillo de atrás.

Sin embargo, una vez materializado el "clic", el daño estará irremediablemente hecho, pues bastará con unos segundos para que otras personas vean la última novedad de "Viajerito Tres Mil" y hagan circular la información por diversos medios, cuando hasta podría ocurrir que, para colmo, las pastillitas no fueran de "Charlotita" sino de su comadre "Maruchita".

Por todo ello, siempre será mejor para una persona gozar de la tranquilidad de no tener procesos pendientes.

Para más información sobre la protección de datos personales, queda también a disposición de los lectores mi libro anterior, "Reflexiones acerca del derecho a la seguridad de los datos personales en México".

Pero, además, no puede pasarse por alto que el procedimiento abreviado le abre la puerta al imputado hacia un beneficio adicional: la posible reducción de la sanción, tal como se plasma en el artículo 202, párrafos tercero y cuarto, de la norma adjetiva aplicable:

> Cuando el acusado no haya sido condenado previamente por delito doloso y el delito por el cual se lleva a cabo el procedimiento abreviado es sancionado con pena de prisión cuya media aritmética no exceda de cinco años, incluidas sus calificativas atenuantes o agravantes, el Ministerio Público podrá solicitar la reducción de hasta una mitad de la pena mínima en los casos de delitos dolosos y hasta dos terceras partes de la pena mínima en el caso de delitos culposos, de la pena de prisión que le correspondiere al delito por el cual acusa. [...] En cualquier caso, el Ministerio Público podrá solicitar la reducción de hasta un tercio de la mínima en los casos de delitos dolosos y hasta en una mitad de la mínima en el caso de delitos culposos, de la pena de prisión. Si al momento de esta solicitud, ya existiere acusación formulada por escrito, el Ministerio Público podrá modificarla oralmente en la audiencia donde se resuelva sobre el procedimiento abreviado y en su caso solicitar la reducción de las penas, para el efecto de permitir la tramitación

> del caso conforme a las reglas previstas en el presente Capítulo.

En ese orden de ideas, se evidencia que el interés del imputado y su defensa en la admisión de un procedimiento abreviado no se limita a la prontitud de la resolución, sino que abarca también, y en algunos casos de manera principal, la posibilidad de la reducción de la pena a imponer, la cual, como se advierte de las porciones normativas antes transcritas, podría ser incluso inferior a la mínima prevista para la conducta ilícita imputada.

Entonces, queda claro que lo anterior podría significar una ventaja adicional en comparación con las sanciones que se individualizarían en circunstancias ordinarias, es decir, si el asunto se ventilara en una audiencia de juicio oral mediante el desahogo de los medios de prueba que cada una de las partes estimara y justificara como pertinentes.

Además, no debe olvidarse que dicha reducción puede, en varias ocasiones, conllevar otras consecuencias favorables para los imputados, como lo son las posibilidades de obtener sustitutivos de la pena de prisión, que, en el caso del Código Penal Federal, por ejemplo, se contemplan en el artículo 70, y el beneficio de la condena condicional, que dicho ordenamiento punitivo prevé en su numeral 90.

Esto se dice, dado que, en ambos casos, la procedencia de tales figuras se sujeta, entre otros requisitos, a la duración de la pena privativa de la libertad que se imponga al sentenciado.

Efectivamente, tratándose de los sustitutivos de prisión que contiene el referido artículo 70, se observa que los previstos en su fracción I son procedentes cuando la sanción impuesta no excede de cuatro años, siendo que los contemplados en sus fracciones II y III son para los casos en los que las penas sean iguales o menores a tres y dos años respectivamente. Por su parte, el artículo 90 limita la procedencia de la condena condicional a los casos en los que la pena de prisión es igual o menor a los cuatro años.

De tal modo, si se tratara, por citar un caso, de un delito contra la salud previsto en el artículo 195 del Código Penal Federal, cuya pena mínima es de cinco años de prisión, es evidente que, de celebrarse una audiencia de juicio oral que culminara con un fallo condenatorio, de ningún modo se actualizarían las hipótesis de máxima duración de la pena antes referidas.

Sin embargo, cuando ese mismo fallo condenatorio se emite mediante un procedimiento abreviado, en el que la fiscalía puede solicitar la reducción de la pena mínima, entonces se está ante un escenario totalmente diferente.

Esto es así, dado que, si con motivo de esa reducción se impone una pena de cuatro años, y no de cinco, por el mismo delito contra la salud antes señalado, entonces el sentenciado podría, en caso de estar dadas las demás condiciones, acogerse a algún sustitutivo de prisión de los contemplados en la fracción I del artículo 70 del código punitivo federal.

Del mismo modo y de ser el caso, también podría optar por la condena condicional, lo que implicaría que esa persona obtuviera su libertad incluso el mismo día en que se celebrara la audiencia en la que se admitiera la referida forma de terminación anticipada del proceso.

Ahora bien, ¿cuál es la ventaja para el Ministerio Público, como órgano técnico, de que exista el procedimiento abreviado?

Por una parte, le permite concluir el trabajo relacionado con cada carpeta de investigación a su cargo sin necesidad de participar en una audiencia de juicio oral, lo que desde luego le representa una actividad más fluida y eficiente, la cual va de la mano con el merecido reconocimiento en el ámbito laboral y profesional. Una más de las ventajas para la fiscalía al optar por el procedimiento abreviado es el ya no tener que soportar la carga probatoria en una audiencia de juicio para obtener un fallo condenatorio. Y de igual manera, sobre las cargas probatorias debe recordarse que en los procesos penales prevalece el principio de presunción de inocencia, previsto en el artículo 13 del código adjetivo de la materia.

En concordancia con lo anterior, es importante tener presente que el referido principio también se encuentra contemplado en la Convención Americana sobre Derechos Humanos (1969), la cual, en su artículo 8.2, establece que "toda persona inculpada de delito tiene derecho a que se presuma su inocencia mientras no se establezca legalmente su culpabilidad", lo que se contempló también en el artículo 14.2 del Pacto Internacional de Derechos Civiles y Políticos (1966).

Asimismo, se advierte que incluso la Constitución Política de los Estados Unidos Mexicanos (1917), en su actual redacción, dispone en su artículo 20, apartado B, fracción I, que es un derecho de toda persona imputada "que se presuma su inocencia mientras no se declare su responsabilidad mediante sentencia emitida por el juez de la causa".

Por tanto, una actividad deficiente por parte de la institución acusadora traerá como consecuencia el dictado de un fallo absolutorio, ya que el numeral 359 del mismo ordenamiento, en su parte final, dispone que, "en caso de duda razonable, el Tribunal de enjuiciamiento absolverá al imputado".

Ahora bien, ¿qué debe entenderse como duda razonable?

Para dar respuesta a esta pregunta, estimo necesario partir del hecho de que, en primer lugar, el agente del Ministerio Público debe proponer, en todo proceso, una teoría del caso, que básicamente consistiría en la exposición de los hechos que estima demostrados con el cúmulo de medios probatorios desahogados o por desahogar. Por otro lado, la defensa puede proponer y justificar una teoría del caso diversa, pero puede hacerlo de dos maneras.

Así, la primera opción consistiría en aportar a su vez medios de prueba tendentes a demostrar una situación incompatible con la teoría del caso acusatoria y lograr un escenario favorable acorde con el supuesto al que se ha referido la Primera Sala de nuestro Máximo Tribunal (2017, reg. 2013368) al señalar que "la suficiencia de las pruebas de cargo sólo se puede establecer en confrontación con las pruebas de descargo", ya sea que "cuestionen la fiabilidad de las pruebas de cargo" o que corroboren "la hipótesis de inocencia efectivamente alegada", a lo que añade que "la actualización de una duda razonable por cualquiera de estas dos razones impide considerar que las pruebas de cargo son suficientes para condenar".

En cuanto a la segunda opción, puede sostenerse que el defensor se enfocaría en evidenciar la manera en la que existen una o más hipótesis diversas que siguen siendo compatibles con el cúmulo probatorio aportado por la parte acusadora, lo cual resulta acorde con el criterio de la mencionada Sala (2016, reg. 2011871) en el sentido de que, "para poder considerar que hay prueba de cargo suficiente para enervar la presunción de inocencia, el juez debe cerciorarse de que las pruebas de cargo desvirtúen la hipótesis de inocencia efectivamente alegada por la defensa".

No obstante, lo anterior tampoco debe conducir a dejar de lado la viabilidad de lo que se conoce como defensa pasiva, siendo que dicha estrategia se basa en confiar en que los medios de prueba ofrecidos por el Ministerio Público serán insuficientes para demostrar su teoría del caso. Y, aun así, debemos tener en cuenta que esta última estrategia lleva consigo una pequeña trampa que el tribunal de enjuiciamiento tendrá que saber sortear hábilmente, debido a que, aunque el defensor no exponga una teoría del caso alterna, será obligación del juzgador llevar a cabo el respectivo ejercicio mental a fin de descartar, en su caso, cualquier hipótesis fáctica que pueda resultar compatible con el escenario probatorio construido durante la audiencia de juicio oral.

En efecto, las posibles explicaciones diferentes a la que plantea la fiscalía casi siempre existirán, y esto ocurrirá con independencia de la actividad o inactividad del defensor. Y entonces, aunque no sería necesario ni funcional que el juez de la causa hablara de todas y cada una de ellas al resolver, sí resulta indispensable que, al menos en su fuero interno, las tome en consideración y decida, conforme a su prudente arbitrio, cuáles de ellas deben tenerse por descartadas, o incluso, si alguna de ellas parece ser más evidente que las otras, mencionarla, aunque sea a manera de ejemplo y exponer las razones que lo hayan conducido a su exclusión.

Las medidas cautelares: ¿un dolor de cabeza?

Si bien es cierto que este no es un libro sobre medidas cautelares, también lo es que, al haberlas mencionado, pienso que no está de más abrir un breve paréntesis sobre ellas.

Al respecto, considero evidente para la mayoría de los abogados penalistas de hoy en día que la medida cautelar más problemática es, por excelencia, la que conocemos como prisión preventiva. Dicha medida, además, en parte por la redacción de las normas legales y la jurisprudencia, y en parte por costumbre, muchos han dado en subclasificar en justificada y oficiosa, como en su momento lo veremos. Así, tenemos que la prisión preventiva consiste básicamente en el hecho de que el imputado permanezca privado de su libertad durante el proceso, desde luego, dentro de los límites temporales exigidos por la ley.

Los problemas que presenta esta providencia, en la práctica, derivan principalmente del hecho de que, en la mayoría de las entidades federativas se ha advertido que no suele contarse con instalaciones que permitan el cumplimiento de la prisión preventiva en lugares distintos a los destinados para la compurgación de sanciones, lo cual, aunado a otros factores, es causa de sobrepoblación carcelaria.

Por otro lado, se generan interminables discusiones sobre la imposición de dicha medida cautelar, pues los puntos en pugna se generan entre la preocupación del fiscal acerca de cualquier riesgo de fuga no permitido y el interés de la defensa sobre la máxima protección posible para los derechos fundamentales de su representado.

Asimismo, en los últimos años se ha agudizado el conflicto sobre lo que conocemos como prisión preventiva oficiosa. Y sobre este tema en particular, ha quedado claro que, desde el punto de vista de la Corte Interamericana de Derechos Humanos, es inaceptable la imposición de la medida de manera automática.

En la otra cara de la moneda, se observa, por una parte, que la imposición de la prisión preventiva de manera oficiosa está contemplada en el artículo 19 de la Constitución Política de los Estados Unidos Mexicanos, que, en la parte conducente de su segundo párrafo, dispone: "el juez ordenará la prisión preventiva oficiosamente, en los casos de...", y es ahí donde incluye un catálogo de conductas ilícitas que actualizarían la hipótesis normativa en cuestión.

Este escenario ha sido visto, básicamente, desde dos diferentes perspectivas, la primera de las cuales constituye una antinomia entre la norma constitucional y la internacional, que durante un tiempo estuvo resolviéndose con base en la jurisprudencia del Pleno de la Suprema Corte de Justicia de la Nación (2014, reg. 2006224), en la que se sostiene que, "cuando en la Constitución haya una restricción expresa al ejercicio de los derechos humanos, se deberá estar a lo que indica la norma constitucional".

De esta manera, con independencia de lo resuelto por la Corte Interamericana de Derechos Humanos, se imponía como medida cautelar la prisión preventiva en atención al hecho de que el delito contenido en la formulación de imputación o en el auto de vinculación a proceso estaba incluido en el catálogo previsto en el artículo 19 de nuestra Carta Magna y, a su vez, contemplado para tales efectos en la legislación secundaria. Criterio que, dicho sea de paso, no comparto del todo, dado que, como lo ha expresado Fabián Salvioli (2022, p. 37), en el sentido de que:

> En el derecho internacional convencional no se discute la premisa que expresa que las obligaciones asumidas por los Estados en virtud de haberse vinculado libremente a instrumentos jurídicos genéricamente conocidos como "tratados", a través de los procesos de ratificación o adhesión a los mismos, deben cumplirse.

En efecto, si una nación ha tomado la decisión de llegar a ciertos acuerdos con otros integrantes de la comunidad internacional, lo legalmente procedente es que cumpla con ellos y con la interpretación de éstos lleven a cabo los organismos facultados para tal fin y, en todo caso, "adoptar disposiciones de derecho interno" tendentes a dotar de efectividad a las prerrogativas contempladas en los instrumentos internacionales, como lo señala precisamente el artículo 2 de la Convención Americana sobre Derechos Humanos.

No obstante, a fines del año dos mil veintitrés, se publicaron diversos criterios jurisprudenciales que abrían la puerta a una interpretación distinta, como el sostenido por parte del Tribunal Colegiado en Materia Penal del Noveno Circuito (2023, reg. 2027761), en el sentido de que:

> La interpretación conforme y pro persona del párrafo segundo del artículo 19 de la Constitución Política de los Estados Unidos Mexicanos, a través de los elementos histórico, teleológico, literal, sistemático y funcional, permite concluir que la prisión preventiva, en su modalidad oficiosa, no se traduce en una automaticidad en su imposición que cancele todo debate entre las partes, ni el ejercicio del arbitrio judicial, sino que se cristaliza en la obligación del juzgador de ordenar ese debate sobre su fin legítimo, necesidad, idoneidad y estricta proporcionalidad.

Entonces, es evidente que, con base en esa jurisprudencia, puede vislumbrarse la posibilidad de someter al debido control horizontal derivado del principio de contradicción la decisión sobre la medida cautelar a imponer, incluso en relación con conductas relacionadas con la figura de la prisión preventiva oficiosa.

En otras palabras, se ha optado por una interpretación ante la cual el actuar oficioso por parte del juzgador no implica que tome decisiones a ciegas sin considerar las cuestiones legalmente relacionadas con la fijación de medidas cautelares en general.

Ha de tomarse en cuenta, desde luego, que los puntos sobre los que el juez de control apoyará su determinación serán, de manera preponderante, los que las partes introduzcan durante el debate respectivo, sin que esta parte de la audiencia se traduzca en el empleo de una lista de verificación sobre todos los aspectos contemplados en la legislación aplicable.

Esto es así, debido a que, según las peculiaridades de cada caso, siempre habrá algunos aspectos que, dentro de un determinado proceso, cobren más relevancia que los otros. De cualquier modo, ésta es una postura que ha ido ganando cada vez más aceptación entre los operadores del sistema penal acusatorio, lo cual ha ido eliminando poco a poco el abuso de la prisión preventiva.

Sin embargo, como también se verá más adelante en el presente apartado, en la mayoría de los casos, el solo hecho de que la persona imputada esté sujeta a una o varias medidas cautelares sigue constituyendo una molestia en mayor o menor grado a la que evidentemente preferirá ponerle fin y, de ser posible, en un breve término.

En realidad, también es cuestionable la distinción entre prisión preventiva oficiosa y prisión preventiva automática, obligatoria o ineludible, puesto que, de los antecedentes históricos de la figura en cuestión, no se advierte que la intención del autor haya sido abrir la puerta a esas interpretaciones.

A pesar de ello, tampoco debe pasarse por alto que los alcances de la actividad legislativa tampoco deben considerarse más allá de los límites de la elemental lógica, ya sea en su aspecto natural, científico o jurídico.

Por consiguiente, estimo que se trata de un criterio lo suficientemente sano para resolver la aparente antinomia entre las resoluciones de la Corte Interamericana de Derechos Humanos y la restricción prevista en el artículo 19 constitucional.

Por supuesto que, desde la aparición del sistema penal acusatorio como parte integrante del derecho mexicano en el año dos mil ocho, hasta la fecha actual, los operadores de aquél hemos ido conociendo, valorando y examinando muchos otros criterios sobre figuras controversiales como la prisión preventiva oficiosa que aquí se menciona, tendentes tanto a su aplicación como a su inaplicación.

Entre ellos, se encontraban, por ejemplo, los relativos a imponer o no la prisión preventiva oficiosamente en casos previstos en las disposiciones constitucionales y no incluidos en ese entonces en la legislación secundaria, e incluso los surgidos de la disputa sobre el tipo de restricciones constitucionales a las que se refería la jurisprudencia del año dos mil catorce antes citada.

No obstante, me parece que las posturas expuestas en este apartado, además de encontrarse entre las principales dentro del panorama actual, arrojan la suficiente claridad para que cada uno de los lectores se decante por el punto de vista que le parezca más apegado a derecho.

Por otra parte, en lo que se refiere a las demás medidas cautelares, cabe preguntarse hasta qué punto se traducen en una molestia (en el sentido amplio) para las personas sujetas a algún proceso penal.

Para ello, podemos partir de la primera de ellas, en atención a su orden de aparición en la lista contenida en el artículo 155 del código de la materia, que sería "la presentación periódica ante el juez o ante autoridad distinta que aquél designe" (fracción I).

Es una medida cautelar aparentemente inofensiva y, por estar mencionada en la fracción I, a muchos nos da la impresión de que es la menos gravosa para el justiciable y algunos hasta llegarían al extremo de afirmar que es la que más se apega al principio de mínima intervención.

Sin embargo, me ha tocado en varias ocasiones oír las quejas de los imputados cuando ya llevan algún tiempo cumpliendo con una medida cautelar de presentación periódica; quejas sobre el gasto que les genera el traslado de cada semana, quincena o mes.

Además, se enfrentan al conflicto que llega a representar en sus respectivos centros de trabajo el hecho de solicitar cada cierto tiempo la autorización para ausentarse momentáneamente e ir atender ese trámite que, a la larga, empieza a resultarles engorroso, especialmente si tienen que ir a presentarse un día en el que coincidan con otras personas y eso ocasione la formación de largas filas.

Caso aparte es la medida prevista en la fracción II, es decir, "la exhibición de una garantía económica", ya que, en primer lugar, es evidente que se trata de una cantidad de dinero de la que el imputado no podrá disponer mientras dure el proceso.

A esto se le suma el aumento en la actividad administrativa de cada centro de justicia en el que hay que llevar a cabo el registro de cada cantidad exhibida y devuelta, lo cual no debe representar mayor problema, siempre y cuando no rebase la capacidad natural y humana de cada equipo de trabajo.

Además, existe el conflicto de criterios entre titulares sobre aspectos tales como el plazo ideal que debe fijarse para el otorgamiento de la garantía económica y la mayor o menor generación de un riesgo de fuga durante ese lapso, e incluso han existido juristas que han llegado a condenar la práctica de mantener en prisión preventiva a los imputados hasta que aquélla quede debidamente constituida, lo cual, si bien es cierto que en algunos casos constituye una carga excesiva para el justiciable, también es verdad que en otras ocasiones resulta absolutamente necesario.

Molestias similares a las que implica exhibir una garantía económica, las acarrean también "el embargo de bienes" y "la inmovilización de cuentas y demás valores que se encuentren dentro del sistema financiero" (fracciones III y IV), pues de igual manera entorpecen el libre manejo de los recursos de cada uno de los imputados.

Algunas otras, como "la prohibición de salir sin autorización del país, de la localidad en la cual reside o del ámbito territorial que fije el juez", "de concurrir a determinadas reuniones o acercarse a ciertos lugares" o "de convivir, acercarse o comunicarse con determinadas personas, con las víctimas u ofendidos o testigos", contempladas en las fracciones V, VII y VIII del mismo numeral antes mencionado, o incluso la "vigilancia de una persona o institución determinada" en términos de la fracción VI, pueden resultar aparentemente sencillas para los imputados.

Sin embargo, en la otra cara de la moneda, implican posibles complicaciones para la fiscalía y la parte ofendida, dada la dificultad con la que se garantizaría el cumplimiento de las medidas de esa naturaleza, o incluso la necesidad de que el propio agente del Ministerio Público esté pendiente de su observancia a fin de poder solicitar lo conducente al juez de control en caso contrario.

En lo tocante a "la separación inmediata del domicilio", a que hace referencia la fracción IX, puede pensarse en una amplia gama de inconvenientes para el imputado, que irían desde la sola molestia de llevar a cabo la consecuente mudanza hasta un escenario en el que no logre encontrar otro lugar para residir.

Ahora, en cuanto a las suspensiones relacionadas con un cargo, profesión u otra ocupación, en términos de las fracciones X y XI, habría que examinar cada caso concreto a fin de vislumbrar hasta qué punto la suspensión de la actividad implicaría también el cese de una percepción económica o, a pesar de su carácter temporal, la dificultad de una eventual reincorporación.

Sobre "la colocación de localizadores electrónicos" prevista en la fracción XII del artículo en estudio, es natural considerar que, por sus propias características, conllevan el enfrentamiento a la mayor o menor complejidad tecnológica, así como al costo que en un momento dado pueda tener su utilización, operación y mantenimiento.

Finalmente, si a la persona sujeta a proceso se le impone como medida cautelar "el resguardo en su propio domicilio con las modalidades que el juez disponga", como lo prevé la fracción XIII, prácticamente se está ante una variante de la misma prisión preventiva.

De todo lo anterior podemos concluir que, por una parte, las medidas cautelares son necesarias pues, como bien lo sostiene Ludwig Ovando Ramón (2015, p. 4), "la finalidad de toda medida de cautela es, desde luego, no frustrar el derecho que se encuentra en litigio".

Sin embargo, todas ellas llegan a convertirse, en mayor o menor medida, en dolores de cabeza a los que muchas veces los litigantes desearán poner fin lo más pronto posible, y para lo cual, una de las opciones que les brinda la ley, es precisamente el procedimiento abreviado.

La problemática de la audiencia de juicio oral

Si hemos hablado de las ventajas que tiene el procedimiento abreviado para las partes, es necesario ahora ver la otra cara de la moneda pues, de lo contrario, la información quedaría hasta cierto punto incompleta.

No se trata de examinar en este apartado las posibles ventajas de hacer llegar cada proceso hasta la audiencia de juicio, pero sí de establecer un panorama general de lo que sucedería durante la audiencia respectiva y, desde luego, prestar atención a sus pros y contras.

Se sostiene lo anterior debido a que, si bien es verdad que, de primera impresión, podría pensarse que el juicio oral constituye, por excelencia, la actividad que permite indagar de manera exhaustiva la verdad histórica de los hechos, como en efecto debe serlo, también es cierto que ello sólo ocurrirá en una situación ideal, y librando ciertas aristas, como a continuación se verá. De esta manera, puede decirse, en primer lugar, que, así como el procedimiento abreviado permite dar por concluido el conflicto en breve término, en un juicio oral difícilmente ocurrirá algo similar.

En efecto, en mi experiencia, es realmente extraña la ocasión en la que una audiencia de juicio oral se desahogue en su totalidad en un solo día, a diferencia de las relativas a los procedimientos abreviados, las cuales muchas veces suelen no durar más de treinta o cuarenta minutos. Esto normalmente sucede porque, después de interrogar a tres o cuatro testigos, las limitaciones humanas de cada uno de los intervinientes empiezan a hacer de las suyas.

De esta manera, podemos poner como ejemplo una audiencia en la que los alegatos de apertura iniciaron a las nueve de la mañana y para la cual se ha previsto el desfile de unos doce medios de prueba, en la que se concluye el desahogo del cuarto testimonio alrededor de las dos de la tarde, y a esa hora algunas personas ya no aguantan seguir otro rato sin comer, otras quieren utilizar los servicios sanitarios y alguien más tiene hasta un leve dolor de cabeza.

Así, en atención a ese tipo de situaciones, se hace presente la necesidad de decretar recesos e incluso de continuar con el desfile probatorio al siguiente día, a lo que se suman después los alegatos de clausura, la deliberación, la comunicación del sentido del fallo y la programación de la audiencia para lectura y explicación de la sentencia definitiva. Y también se presenta la problemática relativa a la comparecencia de los testigos y peritos, así como la conservación y traslado de las evidencias materiales, documentales y de naturaleza análoga.

Esto es así dado que, aun cuando el Código Nacional de Procedimientos Penales (2014) establece en la fracción X de su artículo 113 que el imputado tiene derecho a que se le juzgue "antes de cuatro meses si se tratare de delitos cuya pena máxima no exceda de dos años de prisión, y antes de un año si la pena excediere de ese tiempo", no puede soslayarse que, en ese intervalo, las personas cambian de empleo, de domicilio y, en el peor de los casos, inevitablemente fallecen.

De esta manera, se han observado casos en los que, por ejemplo, el fiscal se había comprometido a presentar a su propio perito oficial el día de la audiencia, y, sin embargo, al acercarse la fecha, llega a enfrentarse a situaciones en las que la persona ha causado baja en la institución y ha de pensar entonces en citarlo como a cualquier individuo externo a la misma.

Del mismo modo, resulta de extrema dificultad mantener localizables a todos los testigos potenciales durante el tiempo de espera para la fecha de la audiencia de juicio, lo que en algunos casos conducirá a escenarios en los que algunas personas se vuelvan prácticamente ilocalizables, a lo que se suma la mayor o menor capacidad de retención con la que cuente cada una de ellas al momento de dar cuenta de los hechos que recuerde haber presenciado.

A todo esto se suma el hecho de que, dada la naturaleza de la audiencia de juicio oral, la actitud de las partes es completamente diferente a la que normalmente se observa en las diversas relacionadas con los procedimientos abreviados. En otras palabras, durante las audiencias celebradas para arribar a una forma de terminación anticipada del proceso, al menos en mi experiencia, el ambiente, aunque no es precisamente de camaradería, sí se mantiene mayormente dentro de cierta armonía y una considerable ecuanimidad.

En esto difieren grandemente de los casos en los que se ha llevado el asunto a juicio, pues en estas últimas situaciones cada una de las partes concentra toda su energía en la lucha por una sentencia que le sea favorable en todos los aspectos, desde los más evidentes, como lo es el sentido del fallo, hasta los detalles de mayor precisión, como la duración en años, meses, semanas y días de la pena de prisión y el monto en pesos y centavos de las sanciones pecuniarias.

De tal modo, es común que en las audiencias de juicio se oigan discusiones que pueden llegar a abarcar incluso el último de los detalles e interrogatorios implacables hacia los testigos, encaminados incluso a evidenciar cualquier posible contradicción entre sus declaraciones, así como toda eventual deficiencia en los dictámenes.

Es más, a veces se enfocan considerablemente los esfuerzos en encontrar cualquier ocasional omisión en los registros de la cadena de custodia, la cual resulta para algunos autores, como Luis Alberto González Matías (2019, p. 11), un "factor determinante para lograr el objeto constitucional del proceso penal".

Es más fácil dejar a todos insatisfechos

Ya que estamos hablando de la problemática implícita dentro de la audiencia del juicio oral, me parece también un buen momento para abrir un paréntesis en el que pueda comentarse la vivencia de estas diligencias desde el punto de vista del propio juzgador.

El enunciado incluido en el título de este apartado constituye una afirmación que muchas veces les expreso a las partes en la sala de audiencias, normalmente al momento de resolver el fondo de las cuestiones planteadas. Parece un chiste; sin embargo, es lo que se vive día a día, y muy especialmente en las ya mencionadas audiencias de juicio oral, en las cuales, como ya lo he comentado, las partes suelen apostar por "todo o nada".

Ahora bien, es evidente que, al estar en la sala para resolver un conflicto entre dos o más litigantes, sería un verdadero contrasentido darles a ambos todo lo que están solicitando, que sería la única manera de dejarlos a todos satisfechos. En cambio, como ya lo anticipé, es posible y, de hecho, muy común, que todos salgan molestos de la audiencia al no haber obtenido todo lo que inicialmente pretendían.

Esta idea también suelo plantearla como un abanico de opciones con el que cuenta el juzgador al momento de tomar la decisión final, y les planteo, entre otras, la posibilidad de emitir un fallo condenatorio exactamente en los términos propuestos por la institución investigadora, que sería como el fiel reflejo de la acusación; la de emitir una resolución que se aparte en ciertos aspectos de lo pedido por la fiscalía, o bien, en el otro extremo, la decisión de absolver al acusado.

Lo anterior, tomando en cuenta que la señalada como segunda posibilidad, en realidad, abarca una amplia gama de opciones intermedias, puesto que los aspectos que pueden variar en un fallo condenatorio son prácticamente infinitos.

Así, por ejemplo, he celebrado audiencias de juicio en las que el hecho materia de la acusación es tan aparentemente sencillo como la portación de un arma de fuego de uso exclusivo de las fuerzas armadas. De primera impresión, puede parecer fácil de resolver y que basta, como una vez me lo expresó mi hermano, con decir solamente sí o no. Pero eso es sólo en apariencia, como podrá verse en el relato de una de esas audiencias de juicio, en la que, para empezar, no se trataba de un solo acusado, sino de dos.

Claro que hay procesos que inician con quince o veinte imputados, pero, por lo general, no todos los involucrados deciden llevar su caso a juicio y, para efectos del ejemplo previo, basta por ahora con citar un caso referido a dos supuestos sujetos activos. Tal vez en un siguiente libro se me ocurra citar un ejemplo más complicado.

Aquí el primer problema era que, a pesar de ser dos personas, solamente se había asegurado un arma, lo que implicaba la primera posibilidad de variación pues, obviamente, el fiscal pretendía que se dictara un fallo condenatorio contra ambos acusados por la portación de un mismo objeto. Entonces, se despliega la primera posibilidad del abanico de opciones:

1) condenar a ambos, 2) absolver a ambos, 3) condenar a Juan y absolver a Pedro, o 4) viceversa.

En un primer aspecto, aparentemente simple, ya tenemos, como se ha desglosado, unas cuatro posibilidades, de las cuales, la primera dejaría totalmente satisfecho a la parte acusadora, y la segunda, a la defensa, mientras que las dos opciones intermedias podrían dejar insatisfechas a ambas partes.

Pero ahí no terminan las opciones, ya que también hubo controversia sobre el calibre del arma, y entonces había que determinar si a) realmente se demostró que era de los reservados para el uso exclusivo del ejército, la armada y la fuerza aérea, o si b) se trataba de uno de los permitidos para los particulares.

Este tema, en apariencia, genera únicamente para dos posibilidades; sin embargo, si las multiplicamos por el número de las enunciadas anteriormente, ya estamos hablando de ocho opciones, las cuales, una vez analizadas, podrían reducirse a siete, como a continuación se muestra:

Primera opción (1.a): Condenar a ambos por la portación de un arma de fuego de uso reservado a las fuerzas armadas.

- **Segunda opción (1.b):** Condenar a ambos por la portación de un arma de fuego sin licencia (considerando que en el caso citado como ejemplo no se aportaron medios de prueba que acreditaran la existencia de dicha autorización).
- **Tercera opción (2):** Absolver a ambos, para lo cual, en el ejemplo citado, no importaría el calibre, aunque podría constituir un dato relevante en otros casos.
- **Cuarta opción (3. a):** Condenar a Juan por la portación de un arma de fuego de uso reservado a las fuerzas armadas y absolver a Pedro.
- **Quinta opción (3.b):** Condenar a Juan por la portación de un arma de fuego sin licencia y absolver a Pedro.
- **Sexta opción (4. a):** Condenar a Pedro por la portación de un arma de fuego de uso reservado a las fuerzas armadas y absolver a Juan.
- **Séptima opción (4.b):** Condenar a Pedro por la portación de un arma de fuego sin licencia y absolver a Juan.

Siguiendo sobre la misma línea, podrían presentarse aún más complicaciones si, por ejemplo, además del debate sobre el calibre del arma, esta última hubiera estado abastecida con uno o más cartuchos con artificios especiales y, entonces, habría que ver si la posesión de esos elementos debería o no sancionarse como una conducta independiente de la portación del artefacto bélico.

Y así sucesivamente van abriéndose a debate más temas, los cuales, a su vez, irán dando pie a una gama de posibilidades cada vez más amplia, y en consecuencia harán también cada vez mayor la probabilidad de dictar alguna de las resoluciones planteadas como opciones intermedias y dejar insatisfechas a todas las partes.

El juicio oral y su relación con la audiencia intermedia

Además de las anteriores complicaciones, he notado una dificultad adicional relacionada con la audiencia de juicio, derivada de su relación directa con la etapa intermedia del proceso.

Y esta dificultad estriba en un choque de criterios en lo tocante al momento preciso de decidir en forma definitiva sobre la admisión o inadmisión de medios de prueba destinados a desahogarse durante la audiencia de juicio oral.

En efecto, aun cuando la ley es aparentemente clara al respecto, no son pocos los casos en los que, una vez que se inicia la audiencia de juicio, el juzgador se percata de la existencia de una gran cantidad de medios probatorios admitidos amplia e indiscriminadamente durante la etapa intermedia, como si en algún punto de la legislación existieran zonas de penumbra que no permitieran la existencia de conceptos uniformes.

Lo anterior, sin soslayar que la etapa intermedia es, en palabras del magistrado Héctor Lara González (2020, p. 8), "la menos clara comparada con las etapas de investigación, que le antecede, y la de juicio, que le sigue".

Al respecto es importante, entonces, reflexionar detenidamente sobre las reglas establecidas para una y otra etapa, a fin de determinar si existen o no normas suficientemente claras sobre lo que debe decidirse en una etapa (la intermedia) y lo que debe dejarse pendiente para la que le sigue (la de juicio oral). Para ello, debe atenderse al contenido del Código Nacional de Procedimientos Penales (2014), el cual, en su artículo 334 dispone que "la etapa intermedia tiene por objeto el ofrecimiento y admisión de los medios de prueba".

En consecuencia, debe considerarse que, de conformidad con la finalidad que se persigue durante la etapa intermedia, esta última se constituye en el momento procesal oportuno para examinar detalladamente las condiciones de admisibilidad de cada uno de los medios de prueba propuestos por las partes.

Por tanto, una vez que llegue la fecha señalada para el comienzo de la audiencia de juicio oral, no sea necesario trasladar a la sala respectiva más que a las personas, objetos y documentos que realmente vayan a tomar parte en el desfile probatorio en términos del auto de apertura a juicio contemplado en el título VII del código adjetivo de la materia, dedicado precisamente a la etapa intermedia, en el que está contenido el artículo 347 que especifica que "antes de finalizar la audiencia, el juez de control dictará el auto de apertura de juicio". Y una vez sentado lo anterior, debe tenerse en cuenta que, en esa resolución (auto de apertura a juicio), según la fracción V del artículo en cita, deberán indicarse "los medios de prueba admitidos que deberán ser desahogados en la audiencia de juicio".

De esta manera, se evidencia que no existe, al menos por regla general, alguna razón para que el tribunal de enjuiciamiento lleve a cabo una selección adicional a la que se hizo constar en el auto de apertura a juicio, el cual constituye, como ya se ha visto, la resolución con la que culmina la etapa intermedia, misma que, como lo destaca Lara González (p. 12), "tiene como fin depurar los medios de prueba ofrecidos, sea excluyéndolos o admitiéndolos".

Entonces, considero que todas las cuestiones relacionadas con la pertinencia, legalidad, sobreabundancia y otros aspectos que deben tomarse en cuenta al admitir o desechar un medio de prueba deberían ventilarse precisamente en la audiencia intermedia y nunca dejarse pendientes para la etapa de juicio oral, debido a que, como se ha precisado en los párrafos que anteceden, el legislador ha delimitado claramente la finalidad a la que está destinada cada una de las etapas del proceso penal.

Lo anterior, lo resume el magistrado Lara (p. 99) al afirmar que, "del cúmulo de pruebas ofrecidas, las no excluidas son admitidas, pero esto lo refleja el juez de control en el auto de apertura a juicio", a lo que añade:

> Como ha podido observarse, la audiencia intermedia es un periodo procesal que tiene como fin preparar el juicio en lo principal, desechando todo aquello que pueda entorpecerlo, regulando todo aquello que pueda acelerarlo y dejando para debate lo que estrictamente sea necesario conforme a la teoría de litigación que cada una de las partes tenga en mente.

Sin embargo, lo hasta aquí razonado de ninguna manera constituiría un impedimento para que otros jueces de control, mediante sus propios razonamientos, adoptaran posturas distintas y, por ende, omitieran parcialmente la depuración a que se ha hecho referencia, lo que a su vez acarrearía la consecuente tarea pendiente para el tribunal de enjuiciamiento.

En otras palabras, es evidente que nadie estaría totalmente exento de enfrentar, en algún momento, la complicación descrita en este apartado, causada por la necesidad de una segunda depuración.

No es que pretenda señalar algún criterio como incorrecto, sino que, simplemente, desde mi punto de vista, el proceder más apegado a derecho sería aquel que dejara la audiencia de juicio oral libre de todo debate sobre admisión o exclusión de medios de prueba, a fin de que el tribunal de enjuiciamiento se centrara en su desahogo y valoración.

El procedimiento abreviado en comparación con la suspensión condicional del proceso

Si bien el objetivo de este libro, como se destaca en el espacio correspondiente, no es examinar la totalidad de las figuras contempladas en el código adjetivo de la materia, considero que tampoco está de más examinar la forma de terminación anticipada del proceso a la luz de sus diferencias con otras posibles soluciones al conflicto.

Entonces, antes de llevar a cabo la comparación correspondiente, estimo prudente destacar, para que sirva como punto de referencia, la manera genérica de concebir las soluciones alternativas, las cuales, a decir de Leonel González Postigo (2019, p. 203), "no son otra cosa que un mecanismo destinado, en primer lugar, a la búsqueda de respuestas de mayor calidad, que satisfagan a las partes y que involucren una menor dosis de violencia estatal".

Asimismo, es de tomarse en cuenta la definición específica de la suspensión condicional del proceso y, para ello, me parece acertada la forma en la que delimita el concepto la magistrada Emma Meza Fonseca (2014, p. 73), quien señala que consiste en "detener provisionalmente la persecución penal a favor de una persona imputada, quedando ella sometida, dentro de un plazo determinado, al cumplimiento de unas condiciones impuestas por el juez de control, al término del cual se extingue la acción penal".

Ya con estas definiciones, quedan en evidencia, al menos de manera superficial, algunas de las bondades de la suspensión condicional del proceso y otras vías alternativas de solución del conflicto, lo que desde luego hace incluso más necesaria la comparación propuesta en este apartado entre dichas figuras y la terminación anticipada del proceso a la que está dedicada esta obra.

De esta manera, se advierte en primer lugar que, en el derecho mexicano, la admisibilidad del procedimiento abreviado no está limitada por el tema relativo a la duración de la pena de prisión prevista para cada delito, como sí ocurre en lo tocante a la suspensión condicional del proceso, respecto de la cual se ha establecido como primer requisito de procedencia, en términos de la fracción I del artículo 192 del Código Nacional de Procedimientos Penales (2014), "que el auto de vinculación a proceso del imputado se haya dictado por un delito cuya media aritmética de la pena de prisión no exceda de cinco años".

Como puede observarse, la suspensión condicional del proceso sí presenta esa limitación y, por ende, no resulta una solución viable en la totalidad de los casos, pues su admisibilidad dependerá de la duración de las sanciones privativas de la libertad contempladas para el tipo penal de que se trate.

A manera de ejemplo pueden mencionarse las audiencias relacionadas con el delito de portación de arma de fuego sin licencia, previsto en el artículo 81 de la Ley Federal de Armas de Fuego y Explosivos (1972), que antiguamente, era sancionado con una pena de prisión que iba de los dos a los siete años. Así, era una conducta ilícita respecto de la cual, en la práctica, se admitió muchas veces la suspensión condicional del proceso como forma anticipada de solución del conflicto.

Sin embargo, a partir de la reforma publicada en el Diario Oficial de la Federación el diecinueve de febrero de dos mil veintiuno, la pena de prisión va de los tres a los ocho años, por lo que ahora la conducta referida se ubica entre los casos que no admiten dicha forma de solución y, por consiguiente, ha dado lugar a procesos en los que las partes optan por la terminación anticipada.

Por otra parte, se tiene la porción contenida en el artículo 194 siguiente, en la que se plasma que "en la audiencia en donde se resuelva sobre la solicitud de suspensión condicional del proceso, el imputado deberá plantear un plan de reparación del daño causado por el delito y plazos para cumplirlo".

Tal disposición ha sido generadora de criterios encontrados entre los diferentes operadores del sistema penal acusatorio, puesto que, por una parte, algunos sostienen que la suspensión condicional del proceso únicamente ha de admitirse en relación con los delitos que, por su naturaleza, conlleven implícita la necesidad de reparar un daño.

Sin embargo, otros profesionales del derecho refieren que la exigencia prevista en el citado numeral 194, de ninguna manera constituye un impedimento para decretar la suspensión condicional del proceso, y que su observancia únicamente será vinculante en las situaciones en las que en realidad exista un daño que amerite ser reparado, por lo que, en caso contrario, bastará con la satisfacción de los demás requisitos legales.

Yo soy más partidario de la segunda interpretación, pues no estamos propiamente ante la figura del acuerdo reparatorio, contemplada de manera destacada en el propio código procesal de la materia, cuyo objetivo principal es precisamente el resarcimiento de la lesión causada al sujeto pasivo de la conducta delictiva, sino ante una solución diferente, en la cual el plan para la reparación del daño constituye un elemento más. Y debe entenderse que dicho elemento, en atención a un sano razonamiento, solamente será necesario cuando la naturaleza de los hechos lo amerite, pero sin que eso implique su improcedencia en caso contrario.

En otras palabras, no sería admisible la solicitud de suspensión condicional del proceso si, existiendo un daño, no se propusiera un plan para la reparación de éste; no obstante, esa solución alterna es procedente en los casos en los que no exista una afectación susceptible de ser reparada.

Asimismo, ha de destacarse lo contemplado en la parte final del artículo 199 del mismo ordenamiento nacional, en el sentido de que:

> Cuando las condiciones establecidas por el Juez de control para la suspensión condicional del proceso, así como el plan de reparación hayan sido cumplidas por el imputado dentro del plazo establecido para tal efecto sin que se hubiese revocado dicha suspensión condicional del proceso, se extinguirá la acción penal, para lo cual el Juez de control deberá decretar de oficio o a petición de parte el sobreseimiento.

A lo anterior se suma lo dispuesto en el diverso numeral 328 de la codificación procesal en cita, respecto a que "el sobreseimiento firme tiene efectos de sentencia absolutoria".

Y aquí se advierte entonces una diferencia fundamental, por cuanto se evidencia que, mientras el procedimiento abreviado estará siempre encaminado hacia un fallo condenatorio, la suspensión condicional del proceso tiene el efecto totalmente contrario, al conducir al sobreseimiento, el cual, a su vez, posee los efectos de una resolución absolutoria.

Cabe agregar a lo expuesto, que la suspensión condicional del proceso presenta una característica adicional de agilidad: no requerir del trámite de autorización que se exige para la solicitud y eventual admisión del procedimiento abreviado; con lo cual son incluso comunes las audiencias iniciales que culminan con aquella solución alterna del conflicto.

Desde luego, eso no significa que esa brevedad de conclusión sea materialmente imposible por medio del procedimiento abreviado; sin embargo, al menos en mi experiencia, no es tan común como la que impera en casos de suspensión condicional del proceso.

Como colofón de todo lo anterior, puede advertirse que, si bien es cierto que la suspensión condicional del proceso puede representar una mayor ventaja para el imputado, también lo es que existe la limitante de que no resultaría viable en relación con cualquier tipo de hecho ilícito.

Condiciones para la admisión del procedimiento abreviado

Ahora bien, si ya sabemos qué es lo que queremos y para qué lo queremos, es momento de verificar si están dadas las condiciones para optar por esta forma de terminación anticipada del proceso.

Así, podemos identificar, en primer lugar, cuál es el momento procesal adecuado para acudir a esta figura a fin de no plantear solicitudes infructuosas que a la larga impactarían en la celeridad del sistema de impartición de justicia y, sobre todo, para no dejar pasar la respectiva oportunidad si ya, como partes en el proceso, hemos decidido que, en un caso concreto, el procedimiento abreviado resultaría ser nuestra mejor opción.

Para ello, hemos de regresar al artículo 202 del Código Nacional de Procedimientos Penales, que en su primer párrafo señala que esta forma de terminación anticipada del proceso puede solicitarse "después de que se dicte el auto de vinculación a proceso y hasta antes de la emisión del auto de apertura a juicio oral".

Sobre lo anterior, debe prestarse especial atención a la porción en la que se expresa "antes de la emisión del auto de apertura a juicio oral", puesto que ya existe jurisprudencia de la Primera Sala de la Suprema Corte de Justicia de la Nación (2020, reg. 2021994) en el sentido de que, en efecto, una vez dictada dicha resolución (auto de apertura a juicio), no es admisible el procedimiento abreviado.

Esto es así porque, al pronunciarse sobre el tema, la Sala ha considerado que "en la etapa de juicio oral no es dable que se autorice y resuelva el conflicto a través de un procedimiento abreviado", y que "la oportunidad para acudir al procedimiento abreviado concluyó con la emisión del auto de apertura en una etapa anterior, a saber, la intermedia".

Estimo que lo anterior se encuentra dentro de los debidos límites de razonabilidad, especialmente si se toma en cuenta la finalidad de la etapa intermedia, que incluye la celebración de la audiencia correspondiente y el correlativo auto de apertura a juicio oral.

Sobre este tema, se observa que los objetivos de dichas diligencias consisten precisamente en "el ofrecimiento y admisión de los medios de prueba, así como la depuración de los hechos controvertidos que serán materia del juicio", como lo establece el artículo 334 del código procesal de la materia.

En consecuencia, constituiría un contrasentido la conclusión de la etapa intermedia mediante una audiencia que habrá de culminar con el auto de apertura a juicio, para posteriormente solicitar la admisión del procedimiento abreviado.

Lo anterior, sin pasar por alto la inversión infructuosa de recursos humanos, materiales y, por supuesto, del más valioso que todos tenemos: el tiempo. Y a esto se suma, como ya se ha destacado, el entorpecimiento de la impartición de justicia; situación que, se reitera, debe evitarse.

Todo esto, al margen de los aspectos éticos que cada profesional del derecho debe cuidar en su diario actuar, entre ellos el consistente en no plantear pretensiones condenadas de antemano a no conducir propiamente a un resultado benéfico para la parte que representan ni para los demás intervinientes, pues el desdén de tales valores influiría no solamente en la imagen individual del propio abogado, sino también en el prestigio gremial en términos generales.

En lo referente a este último punto, tampoco debe descuidarse la sana comunicación entre el abogado litigante y la parte no técnica a la que asesora, a fin de hacerle ver con claridad la diferencia entre lo que sí puede y debe hacerse, de aquellas pretensiones que resultan a todas luces inadmisibles, puesto que, si se trata de proteger la imagen gremial, es menester tomar en cuenta que las personas ajenas a la profesión jurídica no necesariamente darán por sentado que sus consultores actúan ética y legalmente y, por tanto, se hacen necesarias las especificaciones completas y en un lenguaje que las ponga al alcance de la comprensión de la población promedio, para no dar lugar a algún desagradable malentendido.

Respecto a la jurisprudencia en comento, también me gustaría agregar que la importancia de dicha figura como interpretación oficial de la norma estriba muchas veces en la necesidad de lograr cierta uniformidad en los criterios que dote, a su vez, de seguridad jurídica a los justiciables.

En efecto, en un mundo ideal, la redacción de cada norma debería ser tan clara que no dejara un solo espacio para la duda o para la variedad de interpretaciones por parte de los operadores del sistema de justicia. Tan es así, que existen respetables profesionales del derecho que incluso sostienen la invalidez del proceder de aquel que resuelve conforme a su criterio, bajo la óptica de que nuestra legislación, por regla general, no habla de criterios, sino de supuestos normativos y sus respectivas consecuencias.

Lo anterior, en parte, es cierto, pues para eso existen leyes ordinarias que desarrollan las figuras concebidas por el poder constituyente e incluso reglamentos que a su vez desarrollan los conceptos contemplados en la legislación. No obstante, la sola lectura de cualquier texto lleva implícita su interpretación, y esto se puede ratificar en el *Diccionario de la lengua española*, que define el verbo leer, en una de sus acepciones, como "entender o interpretar un texto de determinado modo".

De esta manera, es evidente que el examen de lo escrito en leyes y códigos se presta ampliamente a diferentes interpretaciones, máxime que, por lo común, en la vida práctica se presentan situaciones con características particulares que las hacen diferentes a las exactamente previstas por el legislador y que, por ende, habrá que llevar a cabo la correspondiente reflexión a fin de determinar si cada caso concreto actualiza o no la hipótesis contenida en la norma general.

Asimismo, es de tomarse en cuenta que, también por regla general, es muy difícil, y hasta me atrevería decir que sería poco deseable, que un juzgador comprometa su criterio individual en aras de una uniformidad, ya que, a fin de cuentas, es la diversidad de opiniones la que enriquece el razonamiento jurídico e impulsa su desarrollo. Por ejemplo, hace algunas décadas nadie pensaba en el control difuso de convencionalidad como una posible realidad, ni mucho menos en la utilización de los avances tecnológicos para la presentación de promociones ante el órgano jurisdiccional sin necesidad de plasmarlas en un soporte de papel. Y ya ni qué decir de la variedad de modalidades bajo las que pueden celebrarse los matrimonios hoy en día, al margen de que, incluso en estos tiempos, esa apertura pueda dar lugar a múltiples e interminables discusiones.

En otras palabras, los aparentes choques de opiniones abren las puertas, primero a que se vuelva discutible lo que antes se consideraba incuestionable, y después, a que algunos paradigmas legales sean modificados e incluso caigan en desuso para dar paso a concepciones jurídicas nuevas y más variadas. De hecho, muchas tesis de jurisprudencia surgen precisamente de la figura conocida como contradicción de tesis, en la que se examinan las posturas de dos o más órganos jurisdiccionales y, finalmente, se decide cuál será el criterio que habrá de prevalecer, el cual incluso puede corresponder a una tercera postura que sea distinta a las opiniones jurídicas contendientes.

Por otra parte, es cierto que la figura del procedimiento abreviado tiene sustento en el artículo 20, apartado A, de la Constitución Política de los Estados Unidos Mexicanos

(1917), que en su fracción VII dispone que, "una vez iniciado el proceso penal, siempre y cuando no exista oposición del inculpado, se podrá decretar su terminación anticipada". Sin embargo, no debe perderse de vista que a continuación se agrega la frase que dice: "en los supuestos y bajo las modalidades que determine la ley".

Por consiguiente, se evidencia que la disposición antes transcrita no implica un derecho absoluto para los litigantes, sino que remite a la forma en la que el legislador ordinario tenga a bien desarrollar la figura que el precepto constitucional contempla. De modo que, en el día a día, antes de admitir un procedimiento abreviado, suelo hacer hincapié durante la audiencia en que las partes técnicas corroboren que, en efecto, ya se dictó el auto de vinculación a proceso y aún no se ha emitido el de apertura a juicio oral. Y una vez que hemos verificado que realmente nos encontramos en el momento procesal oportuno, debemos verificar entonces que estén dadas las demás condiciones legales para la celebración de la audiencia correspondiente.

Lo que le corresponde al Ministerio Público

Ahora bien, es necesario que el procedimiento abreviado sea solicitado por el Ministerio Público, el cual deberá formular la acusación correspondiente sustentada en datos de prueba, tal como lo indica la fracción I del artículo 201 del código procesal antes citado.

En efecto, el planteamiento de esta solicitud ante el juez de control le corresponde únicamente al Ministerio Público, lo cual, de primera impresión, podría parecer una causa de desequilibrio procesal; sin embargo, la ya referida Primera Sala de nuestro máximo tribunal (2022, reg. 2024606) se ha pronunciado al respecto en el sentido de que:

> El hecho de que se establezca que corresponde al Ministerio Público solicitarlo, lejos de obstaculizar el acceso al mismo, lo agiliza, en tanto que permite que en la solicitud respectiva se fijen las bases necesarias para verificar la aceptación informada por parte del implicado respecto a resolver el conflicto de esa manera y sus consecuencias, esto es, la acusación, los datos de prueba que la sustentan, las penas y el monto de la reparación del daño.

Luego, como lo sostiene la propia Sala, al margen de quién vaya a realizar finalmente la solicitud a la autoridad judicial, lo cierto es que dicha petición será, en todo caso, el colofón de los ejercicios de negociación y toma de acuerdos que hayan llevado a cabo las partes con la natural anticipación.

Por tanto, el referido ejercicio convierte a la fiscalía, al momento de efectuar el planteamiento ante el órgano jurisdiccional, en el primer vocero de una virtual mesa de negociaciones, en el entendido de que a su voz se irán uniendo las de los demás intervinientes a fin de ir constatando el cumplimiento de las demás condiciones legalmente requeridas, como más adelante se verá.

Ahora, se ha dicho que el Ministerio Público debe sustentar sus pretensiones en datos de prueba, por lo que estimo que no está de más recordar qué es lo que debemos reconocer como un dato de prueba. El primer párrafo del artículo 261 del código adjetivo de la materia dispone que se trata de "la referencia al contenido de un determinado medio de convicción aún no desahogado". Dicho de otra manera, podemos entender el dato de prueba como un medio de prueba en potencia.

Por ejemplo, si en una audiencia se expone como dato de prueba el contenido de una entrevista realizada al primer respondiente, debe entenderse que se trata de un testimonio potencial, es decir que, en caso de llegar a una audiencia de juicio oral, el entrevistado muy probablemente declararía de viva voz lo que ya ha manifestado en el acto de investigación ya citado.

Del mismo modo, si se menciona lo plasmado por los elementos de la policía investigadora en uno de sus informes, deberá estarse en el entendido de que, en caso de llevar el asunto a juicio, dichos agentes podrían ser citados para hablar ante el tribunal sobre sus actos de investigación y los resultados que en su momento obtuvieron. Y algo similar ocurriría con los dictámenes que hayan rendido los peritos durante la investigación, ya que el contenido de **éstos** permite apreciar con suficiente claridad lo que el testigo experto expondría en una audiencia de juicio.

Entonces, puede decirse que otra diferencia entre los medios de prueba y sus correlativos datos de prueba, estriba en la manera en la que se hacen del conocimiento del juzgador. De esta manera, es necesario advertir que el dato de prueba prácticamente se menciona como parte de la exposición realizada por la parte interesada, mientras que la incorporación de un medio de prueba resulta siempre más compleja. Esto es así porque, al tratarse de un medio de prueba que habrá de desahogarse en la sala de audiencias, es necesario que en primer lugar exista un pronunciamiento en el que se admita y se deseche.

Lo anterior, sin perder de vista que habrá algunos aspectos que incidan en la admisibilidad del elemento de convicción, mientras que otras cuestiones no deberán impedir su desahogo, sino que, por el contrario, tendrán que tomarse en cuenta al momento de llevar a cabo la respectiva valoración probatoria.

En cambio, en lo tocante a los datos de prueba, es casi imposible que una de las partes impida que la otra los exponga, dado que, en la mayoría de los casos, la mención que de ellos haga formará, de manera natural, parte de su propio discurso ante el órgano jurisdiccional. No obstante, podrá hacer uso de la voz para plantear las aclaraciones que estime pertinentes y, en un momento dado, sugerir la ilicitud del dato de prueba expuesto.

Del mismo modo, podría realizar observaciones sobre el alcance que se le pretende dar, dado que, por ejemplo, una cosa es que mediante una inspección se constate que en un muro existe un orificio y otra muy diferente es que esa mera inspección permita afirmar que se trata del daño causado por un proyectil de arma de fuego, y eso sin hablar del calibre u otras características que permitan identificar al artefacto bélico en lo individual, o bien, dar con su propietario o poseedor.

Este ejemplo lo doy con base en una experiencia que tuve en una visita a la Ciudad de México, ya que en esos días estuve en un restaurante cercano al palacio de Bellas Artes, en el que los meseros señalaban una pequeña marca que había en el techo, la cual, a su decir, era una hendidura causada por una bala que en su momento fue disparada por Pancho Villa. Así, la narrativa de esas personas daba a entender que esa mancha en el techo constituía la evidencia de que en su establecimiento había estado el legendario personaje en cuestión, es decir, se veía la marca, ellos le atribuían el carácter de orificio de bala y, a su vez, a ese supuesto orificio de bala le atribuían como origen un disparo de Pancho Villa, con lo que le daban al único elemento visible un alcance impresionante.

Por consiguiente, mi recomendación para las partes es que se acostumbren a tener la suficiente visión al decidir la manera de obtener y exponer un dato de prueba y preguntarse siempre cómo sería valorado, en su caso, el medio de prueba correlativo.

En efecto, no es que se trate de valorar los datos de prueba como si se tratara de medios probatorios desahogados ante el propio juzgador, pero sí de llevar a cabo lo que tal vez podría entenderse como un examen previo o una apreciación preliminar de aquéllos.

En otras palabras, es deseable que las partes se pongan por un momento en el lugar de la autoridad jurisdiccional y se pregunten, por ejemplo, si la opinión que está emitiendo el experto es dogmática o encuentra su sustento en razones suficientes, pues no debe perderse de vista, en este ejemplo, la naturaleza de la prueba pericial, la cual, según lo que expresa Laura Casado (2011, p. 202), se entiende como:

> El medio por el cual personas ajenas a las partes, que tengan conocimientos especiales en alguna ciencia, arte o profesión y que han sido previamente designadas en un proceso determinado, perciben, verifican hechos y los ponen en conocimiento del juez, y dan su opinión fundada sobre la interpretación y apreciación de éstos…

De este modo, aun cuando no se trata de efectuar una valoración probatoria como la que correspondería a la etapa de juicio oral, tampoco puede soslayarse que la verificación realizada por el juez en lo tocante a la idoneidad de los datos de prueba expuestos ha de ceñirse a los límites de la razonabilidad.

Y así, habrá de tomar de cada uno de aquellos la información que en verdad resulte pertinente para corroborar el extremo pretendido, de tal manera que, siguiendo el ejemplo, de la opinión técnica de un perito en materia de química, se constatará que justifique la naturaleza de una o varias substancias, así como de la que emita un experto en balística habrá de averiguar si contiene la descripción del armamento objeto de su dictamen.

Asimismo, es necesario distinguir si lo manifestado en una entrevista por un aparente testigo es lo que realmente le consta a la persona y si puede advertirse que cuente con detalles suficientes para que su eventual testimonio no sea apreciado como una mera afirmación de lo que alguien supone que debe decir para abonar a una u otra teoría del caso. O bien, como lo sostiene Daniel González Lagier (2022, p. 387) al referirse a la figura del testigo, habrá que "descartar que mienta, que haya construido una versión falsa a partir de recuerdos fragmentarios o que percibiera o interpretara mal lo que vio".

E incluso cuando se trata de las apreciaciones incluidas en un informe elaborado por el primer respondiente o por el policía investigador, basadas en su propia experiencia, sería beneficioso que las partes técnicas intentaran indagar si el informante fuese capaz, en un momento dado, de explicar los motivos de su apreciación de una manera comprensible para todos los demás intervinientes en el proceso penal.

Luego, tendrían que ir descartándose paulatinamente las expresiones tipo comodín, entendiendo esta expresión como "pretexto habitual y poco justificado", tal como la define la Real Academia Española (s.f.), que aparentemente hacen innecesario y hasta inaceptable todo intento de cuestionamiento. Algunas de estas expresiones, en la práctica, suelen ser: "por mi experiencia", "era notorio" y otros enunciados equivalentes, máxime que lo notorio debe ser evidente para todas las personas y la experiencia, a su vez, tendría que permitirle al narrador dar ciertas explicaciones que clarificaran sus observaciones para los inexpertos.

Se recomienda lo anterior, porque, al tratarse, como ya se vio, de medios de prueba potenciales, es hasta cierto punto natural que el juzgador se pregunte qué transcendencia tendría el contenido de cada dato de prueba en el eventual caso de llegar a una audiencia de juicio.

En lo referente a la víctima o parte ofendida

En primer lugar, tenemos que el código aplicable identifica en el primer párrafo de su artículo 108, como víctima, a quien resiente directamente sobre su persona la afectación producida por la conducta delictiva, y se refiere al ofendido como titular del bien jurídico lesionado o puesto en peligro.

Una vez delimitadas las características de dichos sujetos procesales, habremos de tomar en cuenta que, para efectos del procedimiento abreviado, debe constatarse, como lo contempla la fracción II del numeral mencionado en el apartado que antecede, que no exista oposición fundada por parte de la víctima o parte ofendida, es decir, que al oponerse acredite que no se está garantizada la reparación del daño, la cual, según el Instituto de Investigaciones Jurídicas de la Universidad Nacional Autónoma de México (2006, p. 287), se entiende "la obligación impuesta al delincuente de restablecer el *statu quo ante* y resarcir los perjuicios derivados de su delito".

En efecto, la reparación del daño no constituye en modo alguno un tema menor, pues, como al respecto lo destaca Luis Cueva Carrión (2015, p. 8), "la reparación integral constituye un salto cualitativo hacia una justicia de alta calidad humana", a lo que añade que "no sólo se limita a reparar el daño económico, sino que reconoce también el daño inmaterial". Pero tampoco olvidemos que Miriam Acevedo Navas (2023, p.620) especifica que "las partes acusadas tienen derecho a presentar defensas y excepciones en casos de daños".

Por consiguiente, es indispensable aportar información objetiva que le permita al juzgador tomar la decisión correspondiente, pues no es posible que el monto y la forma de cumplir esa finalidad quede al arbitrio de alguna de las partes. De este modo, se guarda el debido equilibrio y no se permite la actualización de un escenario en el que la parte ofendida tenga que conformarse con una reparación parcial en la que se le esté dando "gato por liebre", incluso acompañando esta acción con una actitud de claro desprecio hacia la propia víctima, o bien, hacia su petición o sus necesidades. Y, en el escenario opuesto, también se evita que la víctima o el ofendido "se sirva con la cuchara grande" y aproveche su propia desgracia para obtener beneficios que van más allá de cualquier daño, material o inmaterial, efectivamente derivado del hecho delictivo.

Así, como lo ha sostenido Marco Antonio Díaz de León (2004, p. 2420), la reparación del daño ha de fijarse "según el daño que sea preciso reparar, de acuerdo con las pruebas obtenidas en el proceso y atendiendo también a la capacidad económica del obligado a pagarla".

A manera de ejemplo, puede hablarse, al menos desde mi experiencia, de las situaciones presentadas tratándose de delitos fiscales, en las cuales, por una parte, me he enfrentado con la postura de algunos defensores que sostienen que, si ha sido infructuoso el procedimiento administrativo seguido por la autoridad hacendaria en forma paralela contra el imputado, la reparación del daño se vuelve innecesaria. En el otro lado de la moneda también tenemos a los representantes del Servicio de Administración Tributaria (SAT) que consideran que, como parte del daño causado por la omisión de contribuciones ocurrida en un momento dado, debe incluirse en la reparación el pago de todos los recargos que hubieran podido generarse desde esa fecha. Y ya ni hablar de conductas ilícitas que impacten en áreas más sensibles de la vida de las personas, como podría serlo la afectación directa hacia uno o más seres vivos.

¿Qué aspectos deben contemplarse si se nos muere una mascota? ¿Debe hablarse del costo promedio de los animales de compañía? ¿Debe haber diferencia entre un animal mestizo y uno de raza pura? ¿Necesitaría el ofendido acompañamiento psicológico que deba ser costeado como parte de la reparación del daño?

¿Y qué pasa si, peor aún, se causa el fallecimiento de un ser humano? ¿Tendría que obligarse el agresor a mantener a sus deudos? De ser así, ¿durante cuánto tiempo debería proporcionar esa manutención? ¿Podría llegarse al extremo que nos ha presentado la literatura antigua de pedirle al homicida que contraiga matrimonio con la viuda o con la huérfana?

Desde luego que en este libro no voy a pronunciarme a favor ni en contra de ninguna de esas posturas ni de alguna otra opinión análoga que abarque cuestiones de fondo. Sin embargo, sí he de destacar la importancia de la casuística, dadas las peculiaridades de cada situación particular, lo que necesariamente descarta la aplicación a rajatabla de criterios generalizados e inmutables.

No soy un experto en psicología de las víctimas y, para bien o para mal, hasta el momento no he logrado encontrar estudios que relacionen el pensamiento del sujeto pasivo del delito con el concepto de reparación del daño. No obstante, pienso que en los estudios de corte humanista siempre debe permitirse, en mayor o menor medida, que la lógica natural lleve a cabo la parte del trabajo que le corresponde.

En concordancia con lo anterior, encuentro especialmente relevante el hecho de que, al menos en nuestro Código Nacional de Procedimientos Penales, los legisladores hayan distinguido a la víctima como tal de otras personas que son, simplemente, ofendidas.

Lo anterior, al margen de que algunos autores, como Karina Domínguez Paz y Fernando Pérez Guzmán (2024, p. 128), se refieran de manera genérica bajo la categoría de víctimas a las personas "cuando se acredita el daño o violación a sus derechos", e incluso clasifican a las víctimas en directas e indirectas, a lo que añaden:

> Se considera víctima u ofendido del delito al sujeto pasivo al que se le inflige un daño por la conducta delictiva o a la persona física o moral titular de un bien a la que se afecta por la comisión de un delito.

Y es que, con independencia de la denominación que se les confiera a los sujetos pasivos, he pensado que es muy posible que toda distinción (víctima-ofendido, víctima directa-víctima indirecta, etcétera) tenga un alcance un poco mayor al que se aprecia a simple vista, es decir, mediante una primera lectura de tipo superficial, ya que es posible que ahí radiquen, en parte, ciertos aspectos a considerar al reflexionar sobre la reparación del daño, pues, al ser el mero ofendido la persona que ha resentido una afectación ajena a su propia persona, se encuentra, en ciertas ocasiones, en una posición más holgada a la hora de negociar ese aspecto de la condena.

De esta manera, podemos distinguir, por ejemplo, la situación en la que nos hemos hallado los que hemos recibido la habitual "bienvenida" a ciertas poblaciones: el robo de llantas; caso en el que, al menos yo, solamente quería resolver el problema lo más pronto posible, es decir, el daño fue en verdad estrictamente material y punto. En otras palabras, me bastaba con recuperar las llantas robadas o sustituirlas por otras similares, pues lo que me interesaba era que el automóvil volviera a estar en funcionamiento.

La escala de grises empieza a hacer su aparición en el momento en el que a ciertos objetos se les asigna algún valor sentimental, pues en esos casos será hasta cierto punto cuestionable la viabilidad de reparar el daño con la mera sustitución del bien afectado y los intentos de la parte ofendida estarán enfocados más bien en su recuperación.

No obstante, también cuando se habla de víctimas pueden contemplarse algunos escenarios que igualmente se ubicarían en este espectro entre lo reparable y lo irreparable, como el caso de las lesiones corporales que por su naturaleza no dejan secuelas permanentes.

En esa hipótesis podría pensarse que la solución resulta, hasta cierto punto, fácil de dilucidar en lo que se refiere al aspecto material, pues para ello bastará con preguntarse si la atención del daño físico va a generarle algún costo a la víctima y, en caso afirmativo, la reparación de esa parte del daño, es decir, la relativa a un menoscabo patrimonial claro e indiscutible que, por su naturaleza, se reduciría a una cuestión meramente monetaria.

La dificultad se presentaría entonces al hablar de otro tipo de afectaciones y preguntarnos si la lesión obligó a la víctima a estar inactiva durante un tiempo y si esa inactividad le produjo, a su vez, una merma económica adicional a los gastos erogados con motivo del tratamiento médico u hospitalario.

O algo más complejo aún, si indagáramos acerca de la posible intervención de alguna compañía de seguros y si en la póliza respectiva se contemplaba un incidente como el ocurrido como un supuesto en el que tendrían que elevarse los costos de las contrataciones subsecuentes.

Y así, mientras menos clara sea la posible cuantificación de la afectación, más complicado será tomar decisiones lo suficientemente saludables sobre la reparación del daño, ya que la complejidad va en aumento cuando se va entrando en terrenos tales como las secuelas físicas permanentes o semipermanentes.

Además, merece una mención especial el delicado aspecto del daño moral, el cual, en honor a la verdad, debe decirse que es incuantificable, o sea, puede pensarse, en un momento dado, en alguna compensación, pero difícilmente podrá resolverse con meras ecuaciones matemáticas.

Cierto es que, en múltiples ocasiones, la conducta ilícita puede representar un evento traumático para la víctima y, entonces, se hace necesario el acompañamiento psicológico u otro similar. Esto es innegable, dado que todo suceso ha de dejar secuelas en la mente, en mayor o menor medida, puesto que, como lo ha sostenido el psicólogo Ethan Kross (2021, p. 21), "los humanos no fuimos hechos para aferrarnos al presente todo el tiempo", a lo que agrega que "pasamos de un tercio a la mitad de nuestra vida en vigilia sin vivir el presente".

No obstante, tampoco puede aplicarse a rajatabla y como norma la imposición de sufragar ese tratamiento cada vez que una persona se vea afectada por un hecho delictivo y considerar ese costo una parte indisoluble de la reparación del daño. Esto es así ya que la labor del juzgador debe consistir precisamente en la apreciación más fina posible de los aspectos peculiares de cada caso individual; en caso contrario, se llegaría al extremo de considerar que toda afectación requiere de atención psicológica o de alguna otra intervención equivalente, sin importar ya de si se trata de un ataque armado, una lesión incidental o, volviendo a uno de los ejemplos anteriores, de un simple robo de llantas o de cualquier otro objeto cuyo reemplazo pueda resultar más o menos sencillo.

Por eso he pensado que, aunque el concepto de reparación integral del daño es de suma importancia, tampoco hay que pasar por alto que sólo sería válido introducirlo en aquellos casos en los que realmente existan diversos elementos que deban integrarse entre sí, es decir, cuando en verdad se observe la presencia de diferentes consecuencias negativas producidas a raíz de la conducta ilícita que se esté examinando en cada escenario en particular.

Y desde luego, es evidente que hay mucho más que decir sobre la reparación del daño, puesto que su estudio, al igual que el de otros temas aquí comentados, alcanzaría para escribir un libro completo o una colección de ellos dedicados a su puntual análisis y a múltiples reflexiones, ya que es necesario hablar de la manera de cuantificar su monto, pero también de la forma en la que se dará cumplimiento a esas obligaciones en la etapa de ejecución.

LO QUE DEBE HACER EL IMPUTADO

Del mismo modo, en términos de su fracción III, es necesario que el imputado manifieste haber sido informado suficientemente acerca de su derecho a un juicio oral y los alcances del procedimiento abreviado.

Por consiguiente, también debe renunciar al juicio oral, con lo cual, desde luego, dejaría de lado las posibles ventajas de una audiencia de juicio, principalmente la relativa al principio de presunción de inocencia y, en general, la posibilidad de luchar por la obtención de un fallo absolutorio.

Eso sucede porque, además de lo anterior, el acusado ha de admitir su responsabilidad en el hecho ilícito por el que se le haya atribuido y aceptar que la causa penal concluya a través de un procedimiento abreviado, mediante el dictado de un fallo basado en los datos de prueba con los que el fiscal haya sustentado la acusación.

LA ACTUACIÓN DEL JUEZ DE CONTROL

Contrariamente a lo que podría pensar quien por primera vez estuviera estudiando la figura del procedimiento abreviado, debe destacarse que las facultades de decisión del juzgador en la audiencia respectiva se encuentran bastante limitadas, ya que, mediante esta forma de terminación anticipada del proceso, se privilegia la decisión de las partes.

En efecto, no le toca al juez decidir qué asuntos concluirán de esta manera y cuáles serán llevados a juicio y, por tanto, ha de ser especialmente cauteloso al emitir cualquier expresión que los litigantes puedan tomar como una sugerencia en uno u otro sentido o, peor todavía, como una forma de presionar para que se elija de manera específica alguna de las dos soluciones.

Ambas opciones pueden ser viables y lo anterior tampoco debe entenderse como un impedimento para que el juzgador exprese abiertamente la existencia de las dos posibilidades y que incluso, en caso de ser necesario, mencione de manera objetiva las características de cada una de ellas; especialmente en situaciones en las que resulta evidente la confusión o el estado de duda de alguna de las partes no técnicas, y sin que esto releve de responsabilidad a los defensores y asesores en lo tocante al deber de mantenerse informados y actualizados a fin de orientar adecuadamente a quienes representan.

Ahora, ¿qué le corresponde hacer al juez de control cuando las partes ya han llegado a sus propias conclusiones y han tomado la decisión de solicitar esta forma anticipada de terminación del proceso?

En primer lugar, debe verificar que la solicitud de procedimiento abreviado se haya planteado por parte del Ministerio Público en el momento procesal oportuno, es decir que, como ya se ha visto, será necesario que ya se haya dictado el auto de vinculación a proceso, pero no el auto de apertura a juicio.

También habrá de constatar si en esa solicitud se está incluyendo la acusación con todos sus elementos, es decir, el hecho ilícito atribuido al imputado, su clasificación jurídica y la solicitud de las penas a imponer, incluyendo, de ser el caso, el monto de la reparación del daño, como lo contempla el artículo 201 del código adjetivo aplicable, en su fracción I.

En caso de que exista víctima o parte ofendida, también habrá que darle el uso de la voz para que manifieste, en su caso, la oposición que estime pertinente, siendo que la sola expresión de **ésta** no sería suficiente para impedir la terminación anticipada del proceso, pues, como lo señala la fracción II del numeral en cita, "sólo será vinculante para el juez la oposición que se encuentre fundada". Por consiguiente, si se diera el caso de que la víctima o parte ofendida opusiera alguna objeción, le corresponderá al propio juez de control examinar el planteamiento y determinar lo fundado o infundado de éste.

En cuanto a la conducta procesal del imputado, el juzgador deberá cerciorarse de que aquél haya dado cumplimiento a todos los requisitos previstos en la fracción III del dispositivo legal en comento. El maestro Orlando Sánchez Torres (2023, p. 15) engloba estos requisitos en uno solo al que se refiere como "el reconocimiento informado y voluntario del imputado". Este criterio se comparte totalmente e incluso considero que nadie habría podido decirlo de una manera más clara, por lo que estimo que vale la pena reflexionar sobre este requisito no menos importante que los anteriores.

Esto es así puesto que, al hablar de consentimiento informado, ha de surgir la pregunta de qué es el consentimiento informado. Al respecto, puede partirse, en primer lugar, de las definiciones que proporciona la Real Academia Española (s.f.) sobre ambos términos. En cuanto a la palabra «consentimiento», la define como la "manifestación de voluntad, expresa o tácita, por la cual un sujeto se vincula jurídicamente". Para el caso que aquí nos ocupa, debe quedar claro que el consentimiento a que se refiere el legislador debe ser expreso, pues, aun que es verdad que esa precisión únicamente la hace respecto a la renuncia al juicio oral, no menos cierto resulta que, según se desprende de la lectura del encabezado del mismo artículo, todos los extremos ahí enumerados deben ser verificados por el juez de control precisamente durante la audiencia respectiva.

En ese orden de ideas, se entiende que todos y cada uno de los aspectos aludidos en la fracción III del numeral de que se trata, deben ser manifestados de manera expresa por parte del imputado a fin de que puedan ser objeto de verificación.

Claro que causa un problema mayor la segunda expresión a definir, pues se ha hablado de un consentimiento informado, y la Real Academia Española define el verbo informar como "enterar o dar noticia de algo", y lo identifica como sinónimo de "anunciar, comunicar, reportar, advertir, indicar, avisar, documentar, revelar, notificar, prevenir" y otros similares. He ahí lo delicado del asunto: en ese punto el juzgador se encuentra ante la interrogante de cómo verificar que ese consentimiento, además de otorgarse de manera expresa, haya sido suficientemente informado.

Desde luego que la lógica natural nos conduce a pensar que el modo idóneo de averiguarlo consistiría en preguntárselo directamente al propio imputado; sin embargo, tampoco debe caerse en la práctica mecánica del interrogatorio de rutina, es decir, no se trata de llenar una lista de verificación, sino de tener enfrente a ese ser humano y prestar atención a lo que comunica tanto con el lenguaje verbal como con el corporal, y, ante la duda, siempre es mejor explicarle todo de nuevo de manera directa o por conducto de su defensor.

Asimismo, en lo tocante a los datos de prueba expuestos por el representante social, el juez de control deberá verificar que efectivamente corroboren los hechos narrados por la institución acusadora.

Pero ¿qué pasa si no los corroboran? ¿Se dicta entonces un fallo absolutorio? La respuesta es no, ya que, en vez de eso, el juzgador simplemente determinará que no se admite el procedimiento abreviado y, en consecuencia, el proceso penal deberá seguir su curso por las fases y etapas faltantes, es decir, "se continuará de acuerdo con las disposiciones previstas para el procedimiento ordinario", como lo señala el penúltimo párrafo del artículo 203 del Código Nacional de Procedimientos Penales (2014).

En relación con este punto, estimo que los juzgadores deben ser muy cuidadosos al momento de imponer y revisar las medidas cautelares fijadas en cada caso concreto, ya que, en algunas ocasiones, podríamos encontrarnos con un escenario en el que la medida cautelar vigente fuera demasiado gravosa.

Así, ante ese panorama, habrá imputados que queden convencidos de que resultaría una mejor opción la obtención de un fallo condenatorio de dudoso sustento que seguir sujetos a una carga procesal durante más tiempo, es decir, que no queden conformes con la decisión de un juez de control que inadmite el procedimiento abreviado por considerar que no fueron debidamente corroborados los hechos materia de la acusación.

En efecto, esa determinación no sería bien recibida por algunos imputados, debido a que les representaría la continuación de una situación que ya desearían dar por terminada con todo y las medidas cautelares que les hubieran sido impuestas.

De esta manera, es de reiterarse la importancia de que el juez de control tenga el debido cuidado de prever y evitar, mediante un sano equilibrio, que las medidas cautelares, además de no utilizarse como penas anticipadas, tampoco se conviertan en instrumentos de presión que orillen a los acusados a admitir su culpabilidad, a como dé lugar, en hechos que posiblemente les sean ajenos.

Sin embargo, no está de más destacar que lo anterior no impide que el Ministerio Público solicite nuevamente la terminación anticipada del proceso, siempre y cuando lo haga, como ya lo hemos visto, antes del dictado del auto de apertura a juicio oral, tal como se constata en el último párrafo del mismo numeral 203 de la codificación citada, en el que se establece que, "si no se admite la solicitud por inconsistencias o incongruencias en los planteamientos del Ministerio Público, éste podrá presentar nuevamente la solicitud una vez subsanados los defectos advertidos".

El procedimiento abreviado en el derecho comparado

El derecho comparado es entendido por Rafael de Pina y Rafael de Pina Vara (2008, p. 230) como "un método de estudio y exposición del derecho que considera las instituciones jurídicas no aisladamente, no limitándose a las de un país determinado, sino en relación con las similares de los diferentes países".

Asimismo, en la Enciclopedia Jurídica Latinoamericana del Instituto de Investigaciones Jurídicas de la Universidad Nacional Autónoma de México (2006, p. 347), se le define como "la disciplina que estudia los diversos sistemas jurídicos existentes para descubrir sus semejanzas y diferencias".

También se ha dicho que el derecho comparado es "la disciplina que se ocupa, por un lado, del estudio de las similitudes y diferencias de los diversos ordenamientos jurídicos, y, por otro lado, de las influencias recíprocas entre ellos", como lo señala Jorge Luis León Vásquez (2023, p. 123).

Sentado lo anterior, introduzco este apartado comparativo a partir de la idea sostenida por Jorge Witker Velásquez (2019, p. 111), en la que propone "la aplicación del paradigma holístico al ámbito jurídico", el cual, según lo menciona dicho autor, "requiere de diversos tipos de investigación —exploratoria, descriptiva, analítica, comparativa, propositiva, prospectiva, interactiva, evaluativa— que den cuenta de diferentes tipos de análisis".

Por lo tal, y sin afán de abarcar todos los enfoques mencionados, considero que no está por demás incluir en esta obra cierta información que permita a los lectores tener un panorama un poco más amplio de cómo se concibe el procedimiento abreviado en otras partes del mundo.

En adición a lo anterior, me queda claro que para algunos resultaría interesante el estudio de esta forma de terminación anticipada del proceso desde un punto de vista comparativo en el que se le pudiera relacionar con figuras análogas, o al menos similares, que puedan advertirse en los sistemas jurídicos de otros países. Sería, en efecto, un tema nada desdeñable para la curiosidad de los lectores en general, a fin de despejar cualquier duda que les hayan dejado esas escenas de la cultura cinematográfica, especialmente la de Hollywood, que no pocas veces muestran las famosas negociaciones entre los abogados estadounidenses.

Por otra parte, sería un aspecto de interés para los profesionales del derecho y ramas afines, principalmente si atendemos al hecho de que el sistema penal acusatorio mexicano tiene sus bases en otros modelos similares ya puestos en práctica en diversos estados extranjeros. Así lo ha destacado, por ejemplo, José Daniel Hidalgo Murillo (2022, texto de contraportada) al referir que "el procedimiento abreviado fue copiado de otra legislación que no es mexicana". Esto es tan evidente, que en México es una realidad que muchos de sus actuales operadores han hecho el esfuerzo de ir a capacitarse en cursos impartidos en Chile, Puerto Rico y Texas, entre otras sedes.

Al respecto, se advierte, por ejemplo, que, en lo tocante a Alemania, la magistrada Emma Meza Fonseca (2014, p. 83) destaca que "no prevé expresamente en su Ordenanza Procesal Penal (St-PO.) la posibilidad de arribar a una solución jurisdiccional consensuada", y agrega que:

> Sin embargo, se han desarrollado una serie de acuerdos o convenios informales entre fiscal, abogado y juez, que tiene por objeto la solución anticipada del proceso.

Asimismo, César Obed Flores Martínez (2023) ubica el primer antecedente del procedimiento abreviado en España, en el siglo XIX, específicamente en la "Ley de Enjuiciamiento Criminal, para los delitos no graves" (p. 24). Por otra parte, en lo que se refiere a los precedentes que dicho autor identifica en los Estados Unidos de América, hace notar que, en ese país, "en más del noventa por ciento de los casos criminales, el juicio previo a la decisión no tiene lugar" (p. 28).

Ahora bien, cabe destacar que, indagando un poco más sobre el sistema estadounidense, me tomé la libertad de entrevistarme con la maestra Karen Donay Valdez Virgen, quien ha realizado estudios formales sobre el sistema jurídico norteamericano. De la información obtenida, me llamó especialmente la atención el contenido del formato aprobado por el Consejo de la Judicatura de California (Judicial Council of California) (2024) en el apartado identificado como "plea agreement", cuya traducción más exacta podría ser "acuerdo de culpabilidad".

Esto es así porque en ese documento podemos encontrar nuevamente una clara referencia al reconocimiento informado antes mencionado, ya que en su parte conducente contiene un texto que se traduciría como: "Entiendo que debo informar a la corte acerca de cualquier promesa que me hayan hecho sobre la sentencia que recibiré...". Entonces, ¿qué es lo llamativo de ese fragmento? Que evidencia que se procura evitar una aceptación mediante engaños. Y, ¡ojo!, un engaño, al menos desde el punto de vista del autor de esta obra, no necesariamente implica una promesa expresa y clara que no vaya a cumplirse. Al contrario, se estima que el concepto de engaño engloba también toda insinuación o triquiñuela encaminada a hacer caer al destinatario, en este caso el imputado, en la falsa idea de que obtendrá beneficios superiores a los realmente alcanzables.

De ahí entonces la importancia de que sea el propio imputado quien informe al tribunal competente sobre las promesas recibidas, pues así dicha autoridad tomará conocimiento de ellas precisamente desde la percepción del directamente interesado. Dicho de otra forma, lo que se advierte que se busca es que el imputado se comprometa a decirle al juzgador con sus propias palabras las ventajas que ha entendido que obtendrá mediante el procedimiento abreviado o la figura procesal equivalente de que en el caso se trate.

Por otra parte, podemos observar el caso de Guatemala, que, en el artículo 464 de su Código Procesal Penal (1992), condiciona la procedencia del procedimiento abreviado a los supuestos en los que "el Ministerio Público estimare suficiente la imposición de una pena no mayor a cinco años de privación de libertad, o de una pena no privativa de libertad, o aún en forma conjunta".

Y así también, incluye como requisito el consentimiento del imputado al señalar que la referida parte acusadora "deberá contar con el acuerdo del imputado y su defensor, que se extenderá a la admisión del hecho descrito en la acusación y su participación en él, y a la aceptación de la vía propuesta".

¿Y ES APELABLE?

En relación con esta pregunta, la respuesta obligada es sí, ya que así lo establece el artículo 467, fracción X, del Código Nacional de Procedimientos Penales (2014), que señala como apelable, entre otras decisiones del juez de control, "la sentencia definitiva dictada en el procedimiento abreviado".

Sin embargo, debe precisarse que la jurisprudencia de la Primera Sala de la Suprema Corte de Justicia de la Nación (2018, reg. 2018173) ya ha delimitado las "cuestiones que pueden ser revisables en la apelación interpuesta en contra de la sentencia definitiva derivada de aquél" (es decir, del procedimiento abreviado), y señala que:

> Sólo podrá ser objeto de cuestionamiento, la violación al cumplimiento de los presupuestos jurídicos fundamentales para la procedencia de esa forma de terminación anticipada del proceso penal acusatorio, lo cual comprende el análisis de la congruencia, idoneidad, pertinencia y suficiencia de los medios de convicción invocados por el Ministerio Público en la acusación, así como, de ser el caso, la imposición de penas que sean contrarias a la ley, distintas o mayores a las solicitadas por el representante social y a las aceptadas por el acusado,

además de la fijación del monto de la reparación del daño.

Asimismo, en un diverso criterio, ha destacado la propia Sala (2020, reg. 2021844), ha contemplado otro aspecto revisable mediante el recurso de apelación e incluso en vía de amparo directo, al sostener que "la negativa de conceder algún beneficio preliberacional a la persona sentenciada bajo el procedimiento abreviado como forma de terminación anticipada del proceso penal acusatorio, puede ser materia de análisis en el juicio de amparo directo".

En congruencia con lo anterior, se evidencia que las cuestiones revisables en la apelación, y que, por consiguiente, se entiende que deben haber sido verificadas en su momento por parte del juez de control, son las siguientes:

Congruencia, idoneidad, pertinencia y suficiencia de los medios de convicción

Esto es evidente, pues, como se destaca en el apartado correspondiente, para la admisión de un procedimiento abreviado es necesario que se cuente con datos de prueba que corroboren los hechos materia de la acusación, de modo que, si tales medios de convicción no son expuestos en la audiencia o, habiéndolo sido, resulta que no guardan relación con el suceso que se pretende demostrar, es inconcuso que no habrá de admitirse la forma de terminación anticipada del proceso en estudio.

De esta manera, podría plantearse ante el tribunal de apelación, en vía de agravio, que, por ejemplo, se admitió un procedimiento abreviado a pesar de la insuficiencia demostrativa de los datos de prueba con los que se sustentó la petición correspondiente, aunque, según mi experiencia, esto no suele ocurrir en la práctica, dado que, al resolver sobre la forma anticipada de terminación del proceso, normalmente se privilegian el control horizontal y la voluntad de las partes, por lo que difícilmente se inconformarían con la admisión propiamente dicha.

Que las penas a imponer no sean contrarias a la ley

Como también se desprende de lo expuesto en la parte conducente de este libro, la representación social cuenta con las facultades, hasta cierto punto discrecionales, para determinar el monto correspondiente a la reducción de la pena.

Sin embargo, esto no implica que pueda fijar con absoluta libertad las sanciones a imponer, ya que, obviamente, deberán mantenerse dentro de los márgenes permitidos en la legislación aplicable, es decir, sin perder de vista que, desde un inicio, la ley establece un monto mínimo y un monto máximo, y que incluso para la reducción existen ciertos límites, mismos que el propio juzgador habrá de constatar que no se encuentren rebasados.

Lo que no resultaría posible sería que el juez de control asumiera las facultades de la fiscalía en lo tocante a la reducción de las sanciones a imponer, pues la graduación de éstas únicamente podría ser determinada por la autoridad judicial en la etapa de juicio oral, a la cual, evidentemente, no se estaría llegando cuando las partes optaran por una forma de terminación anticipada del proceso.

Así, aun cuando a un observador externo, o incluso a la defensa, pueda parecerle que el cálculo de la pena efectuado por el agente del Ministerio Público no es del todo exacto, lo cierto es que difícilmente podría hallarse una vía legal para hacer variar dicha cuantificación.

El monto de la reparación del daño

En cuanto a este aspecto, se ha destacado también en el apartado correspondiente que su fijación se encuentra dentro de las facultades del juez de control, para lo cual, desde luego, habrá de tomar en cuenta tanto lo expuesto por las partes como los indicios que se desprendan de los datos de prueba referidos durante la audiencia correspondiente.

La procedencia o improcedencia de la concesión de beneficios

A fin de determinar lo anterior, el juez de control tendrá que atender, en primer lugar, a la duración de la pena de prisión impuesta y, de manera adicional, a la actualización de las demás condiciones legalmente previstas para el beneficio de la condena condicional o los diversos sustitutivos de la pena de prisión.

Ahora, ¿cómo se hace esto en la práctica?

En atención al principio de contradicción, al oír que la defensa solicita la concesión de algún beneficio o sustitutivo de prisión, se le pregunta directamente al fiscal si están dadas las condiciones, siendo que, en la mayoría de los casos, al menos en mi experiencia, la respuesta suele ser afirmativa.

En caso contrario, por lo general, los fiscales refieren la existencia de uno o varios antecedentes relacionados con la persona imputada y, entonces, el juez de control debe llevar a cabo la reflexión correspondiente a fin de determinar si lo relatado por la representación social constituye o no un impedimento para resolver favorablemente la petición de la defensa.

Esto es así pues habrá que considerar, entre otros aspectos, el relativo al criterio sostenido por la Primera Sala de nuestro Máximo Tribunal (2005, reg. 176578) en el sentido de que "los antecedentes penales no necesariamente deben calificarse como un dato incontrovertible que denota que el sentenciado no ha evidenciado buena conducta anterior al hecho punible", a lo que agrega que es tarea del propio juzgador "ponderar las circunstancias y los medios de prueba relativos para determinar el otorgamiento o no del beneficio de la condena condicional".

Por consiguiente, puede darse el caso en el que, a pesar de que existan antecedentes penales en el historial del acusado, el juzgador determine la procedencia de la condena condicional, o bien que, al justipreciarlos en forma conjunta con otros datos de prueba y hechos circunstanciales, tome la decisión de negar ese beneficio al sentenciado.

Del mismo modo, en lo tocante a los sustitutivos de prisión, debe tomarse en cuenta que el artículo 70 del Código Penal Federal (1931), dispone en su último párrafo que "la sustitución no podrá aplicarse a quien anteriormente hubiere sido condenado en sentencia ejecutoriada por delito doloso que se persiga de oficio".

Dicha disposición implica entonces que, para decidir sobre los sustitutivos de prisión, tampoco basta la existencia de uno o varios registros que la representación social invoque, sino que deberá tratarse precisamente de una o más sentencias condenatorias que hayan causado ejecutoria y que, además, se refieran a delitos dolosos perseguibles oficiosamente.

Como colofón de lo anterior, puede resumirse que, así como ya se ha visto que el fallo dictado mediante un procedimiento abreviado nunca se emitirá en sentido absolutorio, también ha de destacarse que la decisión del tribunal de apelación respecto de esa sentencia tampoco podrá tener el alcance de sustituirla por otra en la que se absuelva al acusado.

No está de más recordar que también es apelable la decisión de no admitir el procedimiento abreviado, como lo estipula el código adjetivo de la materia en la fracción IX del mismo artículo 467, que incluye precisamente "la negativa de abrir el procedimiento abreviado".

Curiosamente, suele ser de las pocas ocasiones, si no es que la única, en que el imputado se inconforma por el hecho de que se determine que los datos de prueba existentes no corroboran la conducta ilícita que se le ha atribuido. Y resulta más curioso aun si evocamos sucesos que se han presentado realmente en las salas de audiencias, en los que la defensa, en vez de pugnar, como suele hacerlo, por que el dominio sobre los objetos transportados en un vehículo le sea atribuido solamente a una persona y no a todos los ocupantes de ese medio de transporte, solicita que se haga todo lo contrario.

Parece un invento, pero no lo es. Me ha tocado celebrar audiencias en las que, por ejemplo, el arma haya sido vista precisamente en la mano del pasajero de atrás de una motocicleta, mientras el conductor, por razones obvias, tenía las extremidades ocupadas en una actividad totalmente distinta y, aunque existen criterios jurisprudenciales suficientes para determinar lo que debe resolverse en cada caso, nunca faltan esos momentos en los que cada una de las partes se da a la tarea de realizar una interpretación de la propia interpretación oficial.

Para no dejar el ejemplo incompleto, me permito citar el criterio relacionado con el tema, mismo que fue emitido por la Primera Sala de la Suprema Corte de Justicia de la Nación (2012, reg. 2000420) y que en su parte conducente destaca que:

> Para que alguien distinto del tenedor del arma pueda considerarse también como portador, se requiere prueba que evidencie el conocimiento de la existencia de aquélla y la realización de algún acto concreto de disposición o del acuerdo que permitía a alguno o a todos los ocupantes del vehículo hacer uso del arma a su alcance.

Sobre lo anterior, ya cada uno podrá sacar sus conclusiones y tener su propia opinión acerca de los escenarios ante los que puede hablarse de la portación de un arma por una sola persona, por algunas de ellas o por todas, aunque evidentemente habrá que tomar en cuenta las peculiaridades del caso que se esté examinando, ya que no será igualmente visible ni alcanzable para todos los pasajeros un objeto ubicado, por ejemplo, junto al asiento del conductor, pues varía la distancia para aquellos que estén en la primera fila en relación con los que se encuentren en la segunda o incluso en una tercera si se trata de vehículos más grandes o hasta con divisiones internas.

Sin embargo, en el caso que recuerdo y que me permito citar como ejemplo, ¿qué quería el conductor de la motocicleta? Desde luego que esa persona estaba interesada en acabar de una vez por todas con el proceso penal mediante una forma de terminación anticipada y, por tanto, deseaba que se le considerara en aptitud de apoderarse del arma asegurada.

Lo anterior, debido a que, de esa manera, se tendría por corroborado el hecho materia de la acusación y, en consecuencia, se admitiría el procedimiento abreviado; situación que el imputado consideraba benéfica, dado que la pena de prisión solicitada por el Ministerio Público, en atención a su duración, le permitiría obtener diversos sustitutivos de la sanción privativa de la libertad e incluso el beneficio de la condena condicional.

Claro que no se me olvida que el objetivo de este libro no es el análisis de las cuestiones de fondo; sin embargo, se cita el caso anterior, para ejemplificar la manera en la que, dependiendo de cada situación en concreto, puede haber cambios incluso en la mentalidad de las partes.

En efecto, como se ha señalado antes, se trata de tomar en cuenta, de manera general, todos aquellos aspectos que se relacionen con la naturaleza del ser humano, pues no debemos olvidar que, como lo ha sostenido Guillermo Tenorio Cueto (2006, p. XVII), "el pensamiento humanista tiene como principio la complementariedad".

Paso dos

PASO DOS.

NEGOCIACIÓN ENTRE LAS PARTES TÉCNICAS

¡Primero con los de manga larga!

Tengo entendido que los aficionados al fútbol, y tal vez hasta los comentaristas, suelen hablar más bien de "los de pantalón largo" cuando se trata de aquellos que tienen funciones directivas.

Sin embargo, en el caso de una sala de audiencias difícilmente sería un buen parámetro para distinguir a los técnicos de los no técnicos, por lo que he decidido que puede decirse "los de manga larga" al hacer referencia a los primeros, es decir, agente del Ministerio Público, defensa y asesor de víctimas u ofendidos.

La negociación emprendida entre las partes técnicas (fiscal, defensor y asesor de la parte ofendida) deberá centrarse en establecer, en primer lugar, si existe o no la intención de optar por la forma de terminación anticipada del proceso.

Posteriormente, habrá que pensar en el monto de las sanciones que las partes estarán dispuestas a aceptar, es decir, en qué proporción estará dispuesta la fiscalía a solicitar la reducción de las sanciones mínimas, y hasta qué punto la defensa aceptaría proponerle al imputado las penas que puedan resultar de dicha reducción.

Para ello es necesario tomar en cuenta, además de las disposiciones del Código Nacional de Procedimientos Penales, el contenido del Acuerdo A/017/15 por el que se establecen los criterios generales y el procedimiento que deberán observar los agentes del Ministerio Público de la Federación, para solicitar la pena en el procedimiento abreviado (2015).

En dicho acuerdo pueden advertirse, entre otras cuestiones, que los márgenes de reducción que contempla, por ejemplo, para los casos previstos en su artículo segundo, se ubican entre los límites que transitan "desde un día de la pena máxima, hasta dos terceras partes de la pena mínima que le correspondiere al delito por el cual se le acusa, en el caso de delitos culposos", y "desde un día de la pena máxima, hasta una mitad de la pena mínima que le correspondiere al delito por el cual se le acusa, en los casos de delitos dolosos".

Sin embargo, es obvio que dichos márgenes únicamente serán admisibles en la medida en la que se ubiquen dentro de los supuestos permitidos por la legislación aplicable. Y para explicar lo anterior, es de tenerse en cuenta que el Código Nacional de Procedimientos Penales (2014) refiere, en los párrafos antepenúltimo y penúltimo de su artículo 202, que la reducción de las penas será solicitada a partir de la mínima y en ningún momento hace referencia a la máxima.

A lo expuesto se suma el hecho de que una supuesta disminución sobre el monto máximo, en realidad, no es una reducción, sino únicamente la propuesta de una sanción individualizada, al margen de los factores que la parte acusadora haya tomado en cuenta para ello.

Cabe agregar a lo anterior que, al margen de que se trata de un punto de vista individual del autor, no menos cierto es que, en la práctica, no recuerdo haber conocido de un caso en el que la pena propuesta en un procedimiento abreviado sea superior a la mínima preestablecida para el tipo penal en cuestión.

Mención aparte merece la misteriosa figura del concurso de delitos, sobre la cual nos dice actualmente el legislador, en el Código Nacional de Procedimientos Penales (2014), específicamente en su artículo 30, que "existe concurso real cuando con pluralidad de conductas se cometen varios delitos", y "concurso ideal cuando con una sola conducta se cometen varios delitos".

A lo anterior, agrega en el artículo 410 que "en caso de concurso real se impondrá la sanción del delito más grave, la cual podrá aumentarse con las penas que la ley contempla para cada uno de los delitos restantes, sin que exceda de los máximos señalados en la ley penal aplicable", y que:

> En caso de concurso ideal, se impondrán las sanciones correspondientes al delito que merezca la mayor penalidad, las cuales podrán aumentarse sin rebasar la mitad del máximo de la duración de las penas correspondientes de los delitos restantes,

> siempre que las sanciones aplicables sean de la misma naturaleza; cuando sean de diversa naturaleza, podrán imponerse las consecuencias jurídicas señaladas para los restantes delitos.

Ahora bien, esta redacción, en el caso del procedimiento abreviado, nos acarrea el problema de establecer cuál sería en realidad la pena mínima sobre la que, en su caso, podría llevarse a cabo la reducción correspondiente.

Así, de una primera lectura, podría considerarse, salvo una mejor opinión en contrario, que al incluirse el vocablo "podrá" o "podrán", está dejándose abierta la puerta a que se imponga únicamente la pena mayor, es decir, que en un procedimiento abreviado se partiría del límite inferior de dicha sanción sin tomar en cuenta las demás.

Lo anterior es incluso acorde con el criterio plasmado en la jurisprudencia de la décima época, emitida por la Primera Sala de la Suprema Corte de Justicia de la Nación (2020, reg. 2022504) en el sentido de que "se eliminó la obligación de la autoridad judicial de incrementar, en caso de concurso ideal de delitos, la pena del injusto mayor con la de los restantes, permitiéndosele ahora decidir si la aumenta o no", a lo que se agrega que "el ejercicio de esa potestad está condicionado al cumplimiento del deber de fundar y motivar dicha decisión".

No se soslaya que dicha tesis está referida a una diversa norma, específicamente al artículo 64 del Código Penal Federal (1931); sin embargo, la redacción de este último es prácticamente idéntica a la parte conducente del artículo 410 del código procesal en estudio que se transcribió con anterioridad.

Ahora bien, en un principio se había mencionado la búsqueda de la justicia, y eso nos conduce a otra pregunta: ¿debe verificar el juez que la pena solicitada sea justa?

Al respecto, debe acudirse, en primer lugar, al artículo 206 del código aplicable, que en su penúltimo párrafo dispone que "no podrá imponerse una pena distinta o de mayor alcance a la que fue solicitada por el Ministerio Público y aceptada por el acusado". No obstante, en su párrafo último hace referencia a la reparación del daño, misma que, para muchos, tiene también el carácter de pena, y precisa que será el juez quien "deberá fijar el monto de la reparación del daño".

De lo anterior podría concluirse que las penas a imponer, en términos generales, son las aceptadas expresamente por las partes y, tratándose de la reparación del daño, será función del juez de control establecer su monto final. De esta manera, puede sostenerse que la justicia o equidad con que se fijen las penas dentro de un procedimiento abreviado será necesariamente el resultado de la interacción entre el juzgador y las partes, pero considerando que es a estas últimas a las que les corresponde la labor principal en cuanto a individualización de sanciones se refiere.

También deberían explorarse todas las opciones que podrían desprenderse del artículo 202 del Código Nacional de Procedimientos Penales (2014), y me refiero a un planteamiento del que nunca he sabido en la práctica, pero que no estaría de más proponer tanto en este libro como en un caso concreto al que puedan enfrentarse los lectores.

Veamos de qué se trata. El numeral ya citado, en la parte conducente de su penúltimo párrafo, dispone que, en el caso de que "ya existiere acusación formulada por escrito, el Ministerio Público podrá modificarla oralmente en la audiencia donde se resuelva sobre el procedimiento abreviado".

Así, puede hablarse, al menos como una posibilidad, de que las partes técnicas consideraran viable que esa modificación respecto a la acusación incluyera también una clasificación jurídica de los hechos que resulte más favorable para el imputado, dependiendo de las circunstancias del caso; proceder que tampoco se advierte que esté expresamente vedado en el acuerdo respectivo.

Lo anterior, al margen de que tampoco ha de descartarse en su totalidad un posible replanteamiento y eventual modificación de las disposiciones contenidas en el mencionado instrumento legal, pues aun siendo su emisión una facultad del procurador, ello no constituye un impedimento insuperable para la construcción de diversos canales de comunicación y diálogo que fomenten la incorporación del continuo dinamismo del mundo jurídico en el ejercicio de dicha potestad.

En efecto, si se han celebrado conversatorios sobre el tema y de esas actividades han surgido nuevas perspectivas y nuevos compromisos, no habría por qué descartar una eventual participación del titular de la Fiscalía General de la República dentro de esos intercambios de experiencias entre los diversos operadores del sistema penal acusatorio y adversarial.

Así también, en algunos casos, esa decisión permitiría que la situación se ubicara en el supuesto contemplado dentro del artículo noveno del mismo acuerdo, que se refiere a los casos en los que no exista una sentencia previa por delito doloso contra el mismo acusado y, además, se trate de un delito "sancionado con pena de prisión máxima de cinco años, incluidas sus calificativas atenuantes o agravantes".

Se destaca la importancia de la actualización de tal hipótesis, porque entonces la ventaja no existiría solamente para el acusado, sino para el proceso en general, ya que se estaría ante un panorama en el que, como lo señala el mismo artículo noveno del acuerdo en estudio, el agente del Ministerio Público podrá actuar, "sin que para ello se requiera autorización del titular de la unidad administrativa a la que se encuentre adscrito", y así, al hacerse innecesario ese trámite administrativo, se agilizaría aún más el procedimiento.

Asimismo, podría apuntarse, como es el propósito de este libro, hacia la búsqueda de una mayor justicia, para lo cual habrá que tomarse en cuenta que la realidad suele sorprendernos con sucesos que muchas veces no se plantearon los legisladores al momento de establecer las penas mínimas y máximas para cada conducta ilícita.

Y por esa curiosa razón no resulta extraño que, en algunas ocasiones, al comparar la gravedad de la conducta ilícita efectivamente desplegada con el monto de las sanciones previstas para su comisión, salte a la vista una clara inobservancia del principio de proporcionalidad que debe observarse en el derecho punitivo.

Por consiguiente, si estamos interesados en resolver tales imprevistos, estimo que la reclasificación que aquí se propone, llevada a cabo con honestidad y seriedad, abriría la puerta hacia un nuevo abanico de soluciones de las que podrían echar mano las partes, siempre y cuando lo hicieran con un verdadero interés en lograr la materialización de la verdadera justicia.

Lo anterior cobra especial relevancia si se toma en cuenta la preocupación de algunos juristas, como Sánchez Torres (2023, p. 30), que advierten sobre el hecho de que la legislación actual, bajo cierta óptica, "otorga un gran poder potestativo al Ministerio Público, para decidir el delito por el cual se seguirá la forma de terminación anticipada del proceso", lo que entonces no permite que el imputado "debata sobre la clasificación jurídica".

Además, se advierte que dicho autor incluso agrega más adelante (pp. 57 y 58), en congruencia con el criterio de su servidor, que el artículo 335 del código adjetivo de la materia "no prohíbe variar la clasificación jurídica por la cual el imputado y/o acusado ha sido vinculado a proceso".

Sobre el **tópico** en estudio, también cabe retomar los antecedentes referidos por Flores Martínez y destacar que, en la ya citada mención que hace sobre el sistema de justicia estadounidense, señala que, en la figura análoga a nuestro procedimiento abreviado, los acusados admiten su responsabilidad respecto de "un delito determinado o uno penado con menor rigor" (p. 29), a lo que agrega que en ese caso el representante social incluso podría "renunciar a formular otros cargos".

En otras palabras, se evidencia que, en el sistema análogo referido, es claramente admisible la reclasificación de la conducta e incluso que se prescinda de formular acusación por la totalidad de conductas inicialmente atribuidas al imputado.

Como puede observarse, se trata de prácticas cuya aplicación en México, como ya se ha estado analizando en este apartado, tiene fuertes posibilidades de ser jurídicamente viable, máxime si se toma en cuenta lo afirmado por autores como Meza Fonseca (2014, p. 81), quien refiere que "el Ministerio Público puede disponer libremente del contenido fáctico de la acusación".

Entre algunos ejemplos de lo anteriormente expuesto, podrían citarse las muchas causas penales en las que se advierte que el debate entre las partes se centra en establecer si en el caso concreto deben o no sancionarse por separado la portación de armas y la posesión de cartuchos.

Desde luego que muchas veces, en lo que se refiere a cuestiones como ésta, llega el momento en el que la jurisprudencia acaba por establecer el criterio a seguir; sin embargo, ello no necesariamente descarta la posibilidad de que esa diferencia de opinión sea zanjada mediante un acuerdo de voluntades construido con las debidas dosis de prudencia y sensatez.

Por supuesto que no estoy hablando aquí de dar licencia a los jueces de control para resolver contra jurisprudencia, sino simplemente de otorgar una mayor flexibilidad a las partes dentro del proceso de estructuración de la acusación que eventualmente sería planteada en la audiencia al momento de solicitar que el juzgador admita una forma de terminación anticipada del proceso que al final les aporte ventajas a todos los intervinientes.

De esta manera, el juez de la causa no estaría emitiendo una resolución acorde ni contraria al criterio jurisprudencial que resultaría aplicable ante la falta de acuerdo, sino dictando el fallo con el que ha de culminar un procedimiento abreviado basado en la acusación resultante de las inclusiones y exclusiones previamente acordadas por parte de los interesados, siendo que, al no haber controversia sobre los puntos finos ya pactados, en realidad no habrá nada que decidir al respecto.

Sobre esta misma línea de pensamiento, puede hablarse de esas conocidas discusiones en las que algunos se enfrascan a fin de dilucidar si un delito contra la salud referido a varias substancias tóxicas debe o no sancionarse con mayor severidad que aquel en el que se trata solamente de un narcótico, y muy especialmente cuando a la posesión de cada droga le correspondería una clasificación diferente si se tomara en cuenta de manera individual.

Efectivamente, en un caso como éste, también podría contarse con la voluntad de las partes para construir soluciones más pacíficas que las rebatingas interminables que hemos presenciado a veces en las salas de audiencias, y eso ya sin hablar del desfase que una audiencia anormalmente prolongada puede ocasionar en la agenda completa del día y los problemas que esto les causa a los administradores y demás personal de logística de los centros de justicia.

Del mismo modo, pueden tomarse en cuenta los escenarios en los que surge la duda sobre la procedencia o improcedencia de una clasificación única del hecho cuando en lo tocante a una de las drogas incautadas puede ubicarse en alguna de las hipótesis de narcomenudeo que prevé la Ley General de Salud, mientras que la cantidad de la otra substancia rebasa considerablemente el producto obtenido de multiplicar por mil la dosis de consumo individual contemplada en la tabla respectiva de dicho ordenamiento (artículo 479).

Ahora, ¿cuál es el motivo de que hablemos de una verdadera justicia? Esto pasa debido a que muchas veces nos damos cuenta de que casi todos nos hemos entusiasmado cuando hemos estudiado en la primaria o en la secundaria esos temas de los que ya hice mención en algún otro momento sobre las garantías individuales contenidas en nuestra querida constitución.

Sin embargo, ¿qué pasa después? Vamos yendo por la vida y, ya sea por nuestras propias experiencias o por algunos comentarios de personas aparentemente más experimentadas, nos hacemos a la idea de que eso que estudiamos en la escuela era solamente para la escuela, sólo para tener una calificación en el examen, pero no para la vida diaria.

Así, vamos convenciéndonos de que, para que nuestra vida práctica sea congruente con la vida práctica de los otros y, en general, con la comunidad en la que vivimos, hay que hacernos a la idea de que eso que estudiamos en la primaria o en la secundaria es puro cuento.

Esto es así, al grado de que yo tuve una experiencia hace algunos años, y para contarla, partiré de la premisa de que, los que ya me conocen, saben que yo trabajé alrededor de doce años en Cancún, Quintana Roo, y una vez fui a la librería precisamente buscando textos, libros de derecho, material de estudio en el área jurídica. Y fue así como, paseando por toda la librería, vi que los anaqueles tenían letreros que hablaban de libros de psicología, libros de derecho, libros autosuperación y libros de ficción, entre otros, como suele pasar en la mayoría de los establecimientos a fin de orientar a los compradores potenciales. Pero, curiosamente, en el anaquel de libros de ficción tenían un ejemplar de la Constitución Política de los Estados Unidos Mexicanos, y un señor que estaba ahí en la misma librería, a quien yo no conocía, examinó con cierta extrañeza la pasta de la aludida Carta Magna. Después de eso, me miró y bromeó conmigo sobre el hecho de que ahí estaba la Constitución entre los libros de ficción, como si diera a entender que ése era su verdadero lugar.

Por eso pienso que una de las labores importantes de los juristas es procurar que lo que aprendimos ya sea en la primaria, ya sea en la secundaria, ya sea en la misma facultad de derecho, **o en algún posgrado**, se vaya convirtiendo en una realidad cada vez más visible para nuestros compatriotas.

Ahora, ¿qué hay de la justicia y las matemáticas?, o bien, de la inteligencia matemática, como algunos le llaman. Si bien es cierto que, para algunos matemáticos, casi todo lo que existe en este mundo se reduce a cuestiones numéricas, también lo es que, al momento de llevar a cabo la valoración de un hecho o de una serie de hechos, no debemos caer en la trampa de pensar que todo se resuelve recordando que uno más uno es igual a dos.

En efecto, no se trata de sumas, restas, multiplicaciones y divisiones, precisamente debido a que, como se ha dicho en otro momento, estamos trabajando con seres humanos y no con meros datos estadísticos ni numéricos. En consecuencia, la sensibilidad de cada uno de los operadores del sistema de justicia juega aquí un papel preponderante para la consecución de los fines que en este libro se proponen.

Además, es necesaria la agilización de la actividad jurisdiccional, cuya consecución no resultaría nada desdeñable, sino que, por el contrario, podría convertirse en un detonante para la obtención de múltiples mejoras y beneficios para la población en general. De modo que la búsqueda de una despresurización del sistema de administración de justicia cobra vital importancia en nuestros tiempos, debido a que cualquier descuido en lo tocante a la fluidez y agilidad de los respectivos procesos conduce, como tantas veces se ha visto en la práctica, al estancamiento de éstos, con la consecuente reacción en cadena que va convirtiendo un desfase temporal menor en uno cada día mayor.

Por tanto, este efecto "dominó" o de "bola de nieve" produce a mediano y largo plazo una paralización casi absoluta de determinados procedimientos, y esto se traduce en el mundo fáctico en una auténtica denegación de justicia para los gobernados, lo que plantea, naturalmente, todo un reto para encontrar el equilibrio ideal entre prontitud, justicia de fondo y practicidad. Así, ha de procurarse la prontitud, a fin de no tener los procesos paralizados indefinidamente y a los justiciables esperando una resolución durante uno o varios años.

Es posible que la aludida despresurización no sea notable dentro de un corto plazo; sin embargo, con un avance constante día con día, es factible la obtención de ése y otros beneficios en la administración de justicia que se requiere en todo el territorio de nuestra nación.

Asimismo, habrá de buscarse lo que en este momento he dado en llamar justicia de fondo, con lo que me refiero, una vez más, al hecho de que las consecuencias legales de una conducta ilícita se mantengan dentro de los debidos límites de proporcionalidad.

Y también, como parte de esta tríada, debe intentarse que exista la practicidad, es decir, que las soluciones propuestas sean realmente viables, tanto en el mundo material como en el ámbito de la legalidad, sin generar cargas innecesarias al órgano jurisdiccional, a la institución investigadora, al ofendido, al imputado ni a los demás intervinientes en el proceso penal.

Luego, debe existir de igual modo, de ser el caso, una negociación razonable con el asesor de la parte ofendida (y en su momento con esta misma, como más adelante se verá), a fin de determinar el monto y forma de la reparación del daño causado mediante el despliegue de la conducta ilícita, aunque al final, como ya se ha visto, la decisión definitiva sobre esos aspectos sí le corresponderá al juez de control.

Sobre dicha cuestión, naturalmente, también tendrá que procurarse la existencia de un debido equilibrio, a fin de que, por un lado, no se impongan al sentenciado obligaciones imposibles de cumplir y, por otra parte, no se caiga en un abuso de las facilidades para el sujeto activo al grado de que no se llegue a una verdadera reparación del daño.

Claro que después de estas reflexiones sería bueno incorporar a los legisladores como partes integrantes de este compromiso para que examinaran el marco normativo y propusieran adiciones que facilitaran la consecución de los objetivos que aquí ya han sido planteados.

Sin embargo, la intención de este libro no es proponer adecuaciones legislativas, sino la comprensión del procedimiento abreviado a la luz de las normas en vigor y, en su caso, de los criterios jurisprudenciales existentes, aunque sabemos que tanto las unas como los otros están sujetos a una constante labor de revisión y renovación debido al dinamismo natural de la vida cotidiana que impacta, a su vez, en la interminable evolución del derecho.

De tal modo, se espera el consecuente despliegue de las estrategias que cada interviniente, mediante una nueva mirada, diseñe para optimizar la aportación de las acciones que le corresponden dentro de los mecanismos enfocados en el arribo a una forma de terminación anticipada del proceso.

Así que ¡a reflexionar se ha dicho! Y a esperar a que pronto corran las "apuestas" por ver quién diseña el mejor plan estratégico o, para los que se lleven este libro a su siguiente conversatorio, la mejor combinación de planes.

Una aclaración: La negociación no incluye al juez

Cuando estuve trabajando en órganos jurisdiccionales en los que se resolvía por escrito, solía sostener que aquello que no puede plasmarse en la sentencia, tampoco debe tomarse en cuenta al momento de dictarla.

Posteriormente, al hacerme cargo del sistema penal acusatorio y oral, conservé la idea original con una pequeña variación, por lo que ahora suelo mencionar que aquello que no puede decirse en la audiencia tampoco ha de ser tomado en cuenta al momento de emitir una decisión.

De este modo, considero también innecesaria toda plática "tras bambalinas" entre el juzgador y las partes, ya que sigo apegándome al mismo criterio y, por consiguiente, pienso que todo lo que deba hacerse del conocimiento del juez tiene que decirse precisamente en la sala de audiencias.

Lo anterior, incluso cuando se dé estricto cumplimiento a lo que contempla la fracción VI del apartado A del artículo 20 de la Constitución General de la República, en el sentido de que "ningún juzgador podrá tratar asuntos que estén sujetos a proceso con cualquiera de las partes sin que esté presente la otra", puesto que, si de todos modos van a hacerse manifestaciones en presencia de la contraparte y quien las expresa las estima apegadas a derecho, carece de objeto celebrar reuniones privadas que son incluso contrarias al principio de publicidad que también debe observarse.

Por las mismas razones, estimo que es hasta cierto punto infundada esa furiosa inconformidad de algunos litigantes al decir que se les dificulta sobremanera expresar un alegato de oído ante los titulares de un órgano jurisdiccional en los que los procedimientos se substancian por escrito.

En efecto, parte de las habilidades profesionales debe incluir la capacidad de expresarse claramente tanto de manera oral como por escrito, de modo que en cualquiera de ambos medios existe la posibilidad de poner en conocimiento de la autoridad la información necesaria para resolver la controversia planteada.

Además, resulta totalmente innecesario crear la impresión de que alguna de las partes pretende poner en la mente del juzgador algún tema adicional sin conocimiento de su colitigante, con independencia de las buenas intenciones con las que se pueda estar obrando, pues, como ya se ha dicho, el prestigio gremial también se encuentra en juego y es un aspecto tan delicado que puede sufrir una afectación en cualquier momento, incluso en el menos pensado.

Visto desde la otra cara de la moneda, también habrá que preguntarse qué necesidad tiene el juzgador de contaminar su propio pensamiento con información que tal vez no haya sido formalmente incorporada al proceso, ya sea mediante los escritos correspondientes o las respectivas exposiciones en la sala de audiencias en la que pueda ejercerse un sano control horizontal, el cual, a su vez, conduciría a una mayor transparencia.

Se sostiene esto último toda vez que el principio de publicidad que impera en el sistema penal acusatorio implica, según lo previsto en el artículo 5.º del código adjetivo de la materia, que deben tener acceso a las audiencias "no sólo las partes que intervienen en el procedimiento sino también el público en general", y en consecuencia, si al tomar decisiones debe tomarse en cuenta la intención con la que se ha plasmado cada porción normativa, resulta evidente que, al menos por regla general, todas las razones que conduzcan a una decisión judicial deben ser ventiladas en la propia sala de audiencias en la que sean comunicadas a la ciudadanía, pues a ningún resultado práctico conduciría la celebración de tales diligencias con la asistencia de múltiples observadores, si en ellas únicamente se mencionara el sentido de la resolución adoptada o solamente una parte de los motivos que la sustentan.

Es cierto que la sala de audiencias no es un aula de clases en la que los intervinientes tengan que asegurarse de que todos y cada uno de los observadores ha entendido hasta el último detalle, pero también lo es que la publicidad debe ir de la mano con la claridad y con la comunicación de información completa.

PASO TRES

PASO TRES.

Negociación con las partes no técnicas

¡Llegó el turno de la clientela!

Así es, finalmente llegamos al momento en el que habrá que identificar las necesidades de las partes no técnicas y encontrar el modo de establecer un sano equilibrio entre lo que requieren y lo realmente posible.

Como ya se había mencionado, la aceptación del procedimiento abreviado implica a su vez una renuncia a la audiencia de juicio oral y, por ende, a cualquier eventual ventaja que esa etapa del proceso pueda ofrecer por encima de una forma de terminación anticipada.

Entre esas ventajas vemos, principalmente, el no tener que seguir la estrategia de ganar-ganar y, en cambio, apostar por todo, por el "premio mayor", como lo haría un fiscal que procura la imposición de la pena máxima o cercana a ese límite superior.

Y no es que se menosprecie la pretensión de sanciones proporcionales y suficientes contra las ofensas hacia la sociedad que se ve afectada por lo que algunos llaman "el flagelo de la impunidad", como puede observarse, por ejemplo, en la cápsula publicada por DW Español (2023), en la que se menciona:

> En México, apenas el 1% de los crímenes y delitos investigados es resuelto, el resto queda impune, afirma un informe de Human Rights Watch. Desde los delitos menores, hasta los crímenes más graves, la ciudadanía no se atreve en la mayoría de los casos a denunciar.

Dicha aflicción no es otra cosa que el resultado de una actitud que minimiza el agravio causado al colectivo comunitario y que genera incluso un mensaje de desprecio hacia aquellos que una y otra vez claman por justicia.

Asimismo, puede hablarse del defensor que espera una sentencia absolutoria, que dejaría al imputado libre de antecedentes penales en relación con esa causa penal. Y es que esto de los antecedentes penales es todo un tema, pues, como ya se ha comentado, el antecedente, entendido como la existencia de una sentencia ejecutoriada, impacta o se toma en cuenta al momento de emitir un fallo posterior.

Por otra parte, sería deseable reflexionar sobre los antecedentes penales en relación con el concepto de reinserción social, que se contempla en el segundo párrafo del artículo 18 de la Constitución Política de los Estados Unidos Mexicanos (1917), al señalar que:

> El sistema penitenciario se organizará sobre la base del respeto a los derechos humanos, del trabajo, la capacitación para el mismo, la educación, la salud y el deporte como medios para lograr la reinserción

> del sentenciado a la sociedad y procurar que no vuelva a delinquir...

Se destaca esto pues, si se parte de la base de que el ideal a alcanzar es la reinserción social, es evidente que debe al menos intentarse la consecución total de esa meta.

Ahora, la reinserción social es entendida, según lo afirma Erika Berenice Cisneros Vidales (2019), como "el hecho de reincorporar a la sociedad a aquellas personas que fueron privadas de su libertad por la comisión de algún delito". Asimismo, se cuenta con lo mencionado por Gerardo Feria Cázares (2013, p. 63), quien, al referirse a la reinserción social, afirma que "siempre tendrá como finalidad primordial el de mejorar la calidad de las cosas o de las personas".

Con base en lo anterior, queda a cargo de todos y cada uno de los integrantes de la sociedad el aportar ese granito de arena indispensable para que la aludida reinserción se logre, idealmente, en su totalidad, o bien, de no ser factible en algún caso su plena materialización, de la manera más completa posible, es decir, generando la mayor mejoría alcanzable para cada escenario en lo particular. Desde luego que, como actores de esta gran labor, se identifica entre los primeros lugares a aquellos que están encargados de la emisión de todo tipo de normas generales y, por consiguiente, de su revisión.

En efecto, el marco normativo debe ser tal que vaya permitiendo que llegue, paulatinamente, el momento en el que el antecedente penal deje de tener efectos en la vida del otrora sentenciado, a fin de que se le permita desempeñarse libre y plenamente dentro de la comunidad de la que siempre haya formado parte. Previsión que se torna especialmente importante, sobre todo si se toma en cuenta lo referido por la propia Cisneros Vidales, en el sentido de que se trata de personas que, "si bien han delinquido, tampoco son merecedoras de ser tratadas inhumanamente y sin dignidad, pues siguen siendo seres humanos".

Por tanto, ¿no sería lo ideal que aquel que es reintegrado a su ambiente original quede, tarde o temprano, libre de todo estigma, de toda etiqueta de advertencia y de todo impedimento para volver a sus antiguas actividades familiares, sociales y laborales, o incluso para incorporar a su día a día nuevas labores, nuevos vínculos nutricios y nuevas costumbres edificantes?

Si atendemos a la idea de Ruth Villanueva Castilleja (2015) acerca de que, "cuando se habla reinserción social, se comprende el concepto desde la posibilidad de insertarse nuevamente a la sociedad, lo que supone la inclusión dentro de su medio social", la respuesta a la anterior interrogante tendría que ser en un sentido claramente afirmativo.

En consecuencia, y más allá de toda facultad legislativa, reglamentaria o análoga, queda claro que cada persona a la que le corresponda intervenir en cualquier punto del proceso de reinserción social debe, según su situación, solicitar o proponer la interpretación y las prácticas que resulten más favorables a la consecución de dicho objetivo.

Desde luego que no me refiero a realizar interpretaciones que vayan más allá de cualquier alcance o límite que pueda hallarse en las normas generales mediante un sano raciocinio. Al contrario, hago referencia al hecho de que, en primer lugar, debe observarse y tomarse en cuenta todo el abanico de opciones interpretativas proporcionadas por esas mismas disposiciones.

Entonces, una vez que se tenga conciencia de la totalidad de interpretaciones viables, es necesario contar entre los criterios de elección con aquel que conduzca a la decisión que más acerque la realidad de la que se parta hacia el escenario fáctico deseado, que consistiría, como ya se ha dicho, en la mayor realización posible de las finalidades que persigue la figura de la reinserción social.

Por otro lado, puede contemplarse también el caso de la parte ofendida que desea que ascienda al mayor monto posible la reparación del daño, tal vez junto con las otras sanciones, en aras de ese concepto de venganza pública del que alguien pudo haberle hablado como un posible resarcimiento al natural sentimiento de rencor por el atropello sufrido.

He allí el equilibrio antes mencionado que se relaciona, principalmente, entre las pretensiones de reparación del daño de la parte ofendida y las relativas a la reducción de sanciones (de todo tipo) que tratará de obtener el imputado.

En efecto, ya se había destacado que la mencionada reducción puede, en varias ocasiones, conllevar otras consecuencias favorables para los imputados, como lo son las posibilidades de obtener sustitutivos de la pena de prisión, que, en el caso del Código Penal Federal, por ejemplo, se contemplan en el artículo 70, y el beneficio de la condena condicional, que dicho ordenamiento punitivo prevé en su numeral 90.

Aunque, ojo, aun en el caso de que la reducción de la pena sea mínima, se tiene la certeza de que la sanción a imponer no superará la establecida como límite inferior, es decir, incluso ante el peor de los escenarios, el procedimiento abreviado le garantizará al imputado una pena no superior a la mínima. Además, si el fiscal ofrece una reducción poco atractiva, debe pensarse que existe la presunción humana de que en juicio podría demostrar que es fundada la pretensión de que se impongan penas superiores a las mínimas.

Un aspecto que cabe recalcar al respecto es el contenido del último párrafo del artículo 202 del Código Nacional de Procedimientos Penales (2014), en el que se establece que "el Ministerio Público al solicitar la pena en los términos previstos en el presente artículo, deberá observar el Acuerdo que al efecto emita el Procurador". Esta disposición, a su vez, genera nuevas situaciones a considerar, pues entonces debe tomarse en cuenta que el Acuerdo A/017/15, por el que se establecen los criterios generales y el procedimiento que deberán observar los agentes del Ministerio Público de la Federación, para solicitar la pena en el procedimiento abreviado (2015), refiere en su artículo séptimo que:

> La solicitud de imposición de la pena en la aplicación de un procedimiento abreviado deberá contar con la autorización del titular de la unidad administrativa a la que se encuentre adscrito el agente del Ministerio Público de la Federación encargado de dicho procedimiento.

Sobre ese aspecto, vale la pena que todas las partes interesadas en dicha autorización, al realizar cualquier planteamiento relacionado con la misma, tengan el cuidado de citar lo dispuesto en el artículo octavo del propio acuerdo citado, en el sentido de que lo conducente debe ser determinado "en un plazo no mayor a 72 horas".

De este modo, al observar el plazo máximo contenido en el acuerdo general en cuestión, se optimizaría el aprovechamiento del tiempo en todo proceso penal y se evitaría el constante diferimiento de audiencias (observado comúnmente en la práctica) ocasionado por la falta de la autorización a la que se ha hecho referencia en estos párrafos.

Por las mismas razones, sería igualmente deseable que todas las actividades administrativas relacionadas con esta autorización se llevaran a cabo dentro del referido límite temporal incluso en los casos en los que la normativa interna de la fiscalía exija la intervención de algún funcionario con sede en una ciudad o entidad diversa a aquella en la que se esté substanciando el proceso penal de que se trate.

Una posible modificación al marco normativo

Y aquí es donde se llevan la primicia aquellos lectores que estén dedicados a las actividades legislativas, porque voy a tomarme la libertad de plantear una propuesta hasta cierto punto audaz, misma que, desde luego, pueden hacer suya con las adecuaciones que estimen pertinentes y ni siquiera es necesario que digan que compraron este libro.

¿Cuál es la propuesta? Pues bien, en atención al hecho de que muchas veces se hace tardada la autorización requerida para optar por la terminación anticipada del proceso, considero que podría (y debería) establecerse un límite razonable de tiempo para esa actividad.

De esta manera, una vez que, por medios indubitables, se haga manifiesta la intención de las partes de arribar a dicha solución anticipada, tendría que ponerse en marcha el cronómetro, es decir, empezar a contabilizarse un plazo, por ejemplo, de seis meses.

Dentro de ese lapso, el funcionario a quien corresponda la referida autorización tendría que emitir el pronunciamiento respectivo y, en caso de no hacerlo, dicha facultad sería absorbida por el propio juez de control, el cual, con audiencia de las partes, resolvería lo conducente, o simplemente, operaría la afirmativa ficta, es decir, la decisión se tendría por comunicada en sentido positivo.

Claro que siempre subsistirá el prurito relativo a la posible existencia de cargas de trabajo difíciles de abatir; sin embargo, siempre he sido un ferviente creyente de que las cuestiones administrativas nunca deben anteponerse a las sustantivas y mucho menos a los derechos o expectativas de los directamente interesados que en el caso son los propios justiciables.

Por consiguiente, una propuesta legislativa como la que aquí se plantea podría incluso servir de estimulante para que los encargados de tomar las respectivas decisiones diseñaran y pusieran en práctica alguna nueva metodología que permitiera agilizar estos trámites administrativos en vez de empantanarlos.

Lo anterior podría incluso tomar en cuenta una posible automatización de ciertos pasos de esa actividad administrativa y tal vez hasta incorporar diseños de inteligencia artificial con los que pudieran darse por resueltas las cuestiones relativamente obvias.

Como ejemplo de lo anterior, podrían contemplarse los momentos en los que sea necesario realizar operaciones matemáticas que, aunque puedan volverse engorrosas para un ser humano, su resultado correcto es único y no depende de una apreciación hasta cierto punto subjetiva, como ocurriría con aspectos más delicados de cada caso particular, además de que se obtendría en un tiempo considerablemente menor.

Esto no significa que debamos confiar ciegamente en los resultados arrojados por un sistema computarizado, ya que éstos en todo momento deben ser revisables por un operador humano. Pero sí se trataría de diseñar un sistema que precisamente redujera la cantidad de aspectos que realmente requirieran de una verificación, a lo que se sumaría el hecho de que los aparentes errores del programa también podrían aprovecharse para dar paso a una siguiente etapa de su puesta en marcha que incluiría las herramientas que ahora se conocen como "machine learning" y "deep learning".

En efecto, la primera de las mencionadas técnicas, según un artículo divulgado por Iberdrola (s.f.), "permite a los computadores realizar tareas específicas de forma autónoma, es decir, sin necesidad de ser programadas", mientras que la segunda, como la define una publicación de IBM (s.f.), "es un subconjunto de machine learning que usa redes neuronales con varias capas para aprender de datos no estructurados y realizar predicciones con precisión"; reseña en la que incluso se simplifica la explicación mediante el ejemplo siguiente:

> Pongamos que tenemos un conjunto de fotos de diferentes mascotas, y queremos categorizarlo por "gato ", "perro", "hámster", etc. Los algoritmos de deep learning pueden determinar qué características (por ejemplo, las orejas) son las más importantes para distinguir a un animal de otro. En machine learning, esta jerarquía de características la establece manualmente un experto humano.

Lo anterior, en el entendido de que la mayor o menor intervención del experto humano nunca debe confundirse con la mala práctica de permitir que la computadora mande, pues ha de tenerse siempre presente que se trata de una herramienta más al servicio de las personas.

Desde luego que también cabe destacar que tendría que ser un proceso que fuera perfeccionándose poco a poco, pero tampoco debemos olvidar que la clave para perfeccionar un sistema es precisamente la constancia, por lo que no me parecería tan descabellado que desde el día de hoy empezaran a hacerse los primeros intentos de agilización, optimización y hasta automatización de un trámite que, en la práctica, ha sido frecuentemente una causa de retrasos en la impartición de justicia.

Los beneficios en la etapa de ejecución

Al margen de lo anterior, también es necesario tomar en cuenta que hasta este momento no hemos hablado de los beneficios que contempla la ley para la etapa de ejecución, de los que habremos de ocuparnos a continuación.

En efecto, se tiene, por ejemplo, la libertad preparatoria prevista en el artículo 84 del Código Penal Federal (1931), según el cual, se concederá a aquel que, como primer requisito, "hubiere cumplido las tres quintas partes de su condena, si se trata de delitos intencionales, o la mitad de la misma en caso de delitos imprudenciales". Asimismo, existen otras figuras, como las que se encuentran incluidas en la Ley Nacional de Ejecución Penal (2016), que son la libertad condicionada y la libertad anticipada.

La primera de ellas está establecida en el artículo 137 de la legislación en comento, el cual exige para su procedencia, entre otras condiciones, que la persona interesada "haya cumplido con la mitad de la pena tratándose de delitos dolosos" (fracción VII). Así, puede citarse como ejemplo el caso de las personas que son acusadas por delitos contra la salud en la hipótesis de posesión finalista de narcóticos en términos del artículo 195 del Código Penal Federal.

Para dicha conducta se contempla una pena mínima de cinco años, lo cual significa que, por regla general, la fiscalía podría ofrecer una reducción, por ejemplo, de la quinta parte, y así solicitar la imposición de una pena de prisión con una duración de cuatro años. Esa propuesta permitiría, de darse las condiciones necesarias, la concesión del beneficio de la condena condicional que contempla el artículo 90 del código punitivo federal, e incluso los sustitutivos de prisión previstos en la fracción I del numeral 70 del mismo ordenamiento legal.

Sin embargo, el solo hecho de que la parte acusadora solicitara una pena superior a los cuatro años de prisión, no necesariamente tendría que ser un motivo para rechazar su propuesta. Esto es así porque, en no pocas ocasiones, las partes suelen enfrascarse en tantas discusiones entre sí sobre la aludida duración de la sanción privativa de la libertad, que llegan a tardar uno o dos años en decidir si optarán o no por una terminación anticipada del proceso.

En ese caso, si se toma en cuenta que, además, al tratarse de ese tipo de ilícitos, los imputados muchas veces suelen enfrentar el proceso en prisión preventiva, queda claro que, aun en caso de aceptar una pena superior a los cuatro años, ya se estaría relativamente cerca del momento de dar por cumplida la mitad de sanción corporal y, por ende, de explorar la posibilidad de una libertad condicionada.

Por otra parte, la segunda de las figuras en cuestión está prevista en el numeral 141 de la misma ley, en el que se establece, también en su fracción VII, como uno de los requisitos para su concesión, "que hayan (sic) cumplido el setenta por ciento de la pena impuesta en los delitos dolosos o la mitad de la pena tratándose de delitos culposos".

De esta manera, es evidente que, aun cuando el imputado no vaya a obtener su libertad de manera inmediata al admitirse el procedimiento abreviado, tampoco resulta tan despreciable una reducción en la pena de prisión pues, incluso así, podría optar, con mayor prontitud, por alguno de los beneficios comentados en los párrafos anteriores.

Un ejemplo de audiencia relacionada con la libertad anticipada

No está de más citar algún caso práctico para ejemplificar uno de los beneficios que aquí se mencionan, es decir, de los que puede obtener el sentenciado en la etapa de ejecución.

Por consiguiente, me permitiré ahora hacer referencia a una de las audiencias que he presidido y que han tenido como objetivo el otorgamiento de la libertad anticipada, con la finalidad de que el lector pueda visualizar escenarios más completos sobre lo que aquí se comenta.

En la diligencia que en este momento viene a mi memoria, se planteó la solicitud por parte del defensor particular; sin embargo, el agente del Ministerio Público opuso varias objeciones. El primer impedimento que alegó para la concesión del beneficio solicitado fue el referente a la exigencia prevista en la fracción II del artículo 141 de la Ley Nacional de Ejecución Penal (2016), es decir, "que no exista un riesgo objetivo y razonable en su externamiento (sic) para la víctima u ofendido, los testigos que depusieron en su contra y para la sociedad".

Al respecto, el fiscal compareciente expresó que los razonamientos planteados por el defensor particular eran insuficientes para demostrar la ausencia de riesgo; objeción que en la audiencia que se relata se tuvo como infundada, al considerar que la inexistencia de dicho peligro constituye un hecho negativo y que, contrariamente a lo pretendido por la institución investigadora, ese requisito únicamente podría tenerse por no cumplido cuando se aportaran datos de prueba que objetivamente demostraran la presencia de una amenaza para el sujeto pasivo, para la sociedad o para algún testigo.

Otra razón por la que la fiscalía se opuso a la concesión del beneficio estuvo relacionada con la fracción IV del numeral en estudio, que exige al sentenciado "haber cumplido con el Plan de Actividades al día de la solicitud". Y, en efecto, sobre este tema argumentó el agente del Ministerio Público que únicamente se contaba con el oficio en el que el director del centro de reclusión tuvo por cumplido el plan de actividades, pero a dicho documento no se había anexado el referido plan a fin de poder constatar tal afirmación.

Ese argumento, en su momento, también se tuvo como infundado, pues se estimó que precisamente el director del reclusorio era la autoridad competente para conocer el contenido del plan de actividades e incluso para evaluar hasta qué punto ha sido cumplido por parte de cada interno.

No obstante, con posterioridad se declaró fundada una tercera objeción relacionada con la exigencia contenida en la fracción V del artículo que se examina, consistente en "haber cubierto la reparación del daño y la multa, en su caso". Sobre este punto, la controversia inició precisamente con el señalamiento por parte del fiscal en el sentido de que dicha sanción pecuniaria no había sido cubierta.

Esto dio lugar a una confusión entre las partes técnicas, pues, ante tal objeción, la defensa argumentó que, en el fallo condenatorio, al conceder el beneficio de condena condicional, el juez de control que presidió la audiencia en la que se admitió el procedimiento abreviado, había decidido prescindir de la garantía económica.

Ante tal situación, el representante social pidió nuevamente el uso de la voz e hizo la precisión de que se trataba de dos conceptos diferentes y, por tanto, esta tercera objeción sí se declaró fundada, por lo que ese día no fue posible la concesión del beneficio de preliberación solicitado.

Por consiguiente, a petición de la defensa, se programó una nueva audiencia para la cual los litigantes se comprometieron a acreditar el pago de la sanción pecuniaria y de aportar datos de prueba más precisos sobre una objeción adicional que quedó pendiente de ser atendida, relacionada con la fracción VII del artículo en análisis, es decir, "que se haya cumplido con la mitad de la pena tratándose de delitos dolosos".

Dicha objeción obedeció a que, en el caso particular del oficio emitido por la autoridad penitenciaria, únicamente se advertía una afirmación relativa al cumplimiento del cincuenta por ciento de la sanción privativa de la libertad impuesta, lo que condujo al representante social a sostener que, ante ese panorama, las operaciones aritméticas que en un momento dado pudieran llevar a cabo las partes podrían arrojar resultados inexactos al carecer de la información completa necesaria para establecer si todo el tiempo de reclusión del sentenciado era susceptible de ser abonado precisamente al cumplimiento de la pena de prisión correspondiente a la causa penal de la que derivó la petición del multicitado beneficio.

Ahora, ¿qué podemos concluir de lo ocurrido en la audiencia del ejemplo?

Yo pienso que podemos obtener dos conclusiones. La primera, para la obtención de un beneficio, no basta con solicitarlo, pues será necesaria la satisfacción de los requerimientos previamente establecidos en la legislación aplicable. Y la segunda conclusión, podemos afirmar que, a pesar de dichas exigencias, sigue siendo posible la obtención de un beneficio de preliberación en la etapa de ejecución del proceso penal, tal como posiblemente llegue a ocurrir en el caso del ejemplo, pues la defensa conservó a salvo su derecho de aportar nuevos datos de prueba que evidencien el cumplimiento de aquéllas, lo cual podría conducir a una decisión más favorable por parte del juez de ejecución que conozca del asunto.

Por todo lo anteriormente expuesto, cabe señalar que, aun cuando los defensores enfaticen el hecho de no ver al justiciable como un número más, también es importante proporcionar información completa y veraz a los imputados y sus familiares.

En consecuencia, se torna necesario hacerles ver, en cada caso, cuál es el mayor beneficio que puede obtenerse mediante una adecuada y equilibrada negociación entre todas las partes.

Lo anterior, sin descartar que, incluso ante sanciones que no admitan la inmediata libertad, es posible pensar a futuro y tomar en cuenta que queda abierta la puerta para lograr ese objetivo en la etapa de ejecución.

La importancia de hablar con la verdad

Y es que aquí realmente cobra especial importancia la aludida veracidad, ya que, precisamente por la parte humana que los defensores se comprometen a cuidar, resultaría bastante inadecuado construir castillos en el aire con falsas promesas que, tarde o temprano, conducirían al imputado y a sus familiares a una profunda desilusión.

Un aspecto más delicado sobre la autenticidad de la información proporcionada consistiría, desde luego, en hablar seriamente con el acusado y los miembros de su familia sobre la realidad fáctica. Sí, es importante hablar sobre los familiares; esos observadores silenciosos que tantas veces son identificables por sus actitudes, su lenguaje corporal y esas expresiones faciales involuntarias que los delatan aun cuando los auxiliares de sala hagan referencia a ellos como "público en general".

Esas personas que están ahí en la sala dando un apoyo tácito al imputado, mismas que influyen, o deberían influir, en el ánimo del juzgador al momento de reflexionar sobre cuestiones tan intangibles; como el arraigo, que tantas veces se examina a la luz de sus vertientes domiciliaria, laboral y familiar, pero que en ocasiones las partes técnicas pretenden hacerlo derivar de meros datos de prueba como búsquedas en el mapa, formatos de inspección y de entrevistas.

Y es que de nada o de muy poco sirve la exigencia principal del sistema procesal penal actual, consistente en requerir de manera absolutamente necesaria la presencia del juzgador y de las partes si las decisiones se limitan a tomar en cuenta lo que está anotado en este o aquel registro y se dejan a un lado todos esos detalles susceptibles de ser apreciados de momento a momento, entre un instante y otro, y cuya descripción, sin embargo, podría tomar el día completo e incluso conducir a interminables intercambios de puntos de vista, y llenar varias páginas si se quisiera hacer constar todo lo observado.

En efecto, siempre he sostenido que el principio de inmediación, en su concepción más amplia, encierra aspectos muy cercanos a la íntima convicción; cuestiones que no siempre son del todo explicables y que, en un momento dado, pueden ser mencionadas, pero nunca trasladadas propiamente a las personas que no estuvieron presentes en el momento oportuno, y que son capaces de revelar la mayor o menor espontaneidad con la que se conduce el declarante; además de que permiten distinguir los meros errores de apreciación propios de la naturaleza humana de las verdaderas inconsistencias que habrán de sumar o restar razonabilidad y, por ende, credibilidad a lo que se ve y se oye.

Por eso también resultaría deseable que, al menos en casos extremos, las mismas partes, en un ejercicio de razonabilidad, ética, lealtad y buena voluntad, ante situaciones que a veces son evidentes a todas luces para el que las contempla de manera personal y directa, consideraran modificar sus respectivas posturas iniciales al darse cuenta de la innegable realidad, aunque esto haya ocurrido en un último momento, y así demostrar honesta y claramente que en verdad no están trabajando únicamente con números y fórmulas de estadística.

Todo esto conduce incluso a pensar en la importancia de la deferencia, no sólo hacia lo resuelto por el juzgador, sino también hacia lo propuesto por el agente del Ministerio Público que acude personalmente a las audiencias del proceso en cuestión, al momento de tomar la determinación final sobre el monto de las penas a solicitar como resultado del procedimiento abreviado, a fin de basarse en circunstancias verdaderamente tangibles y no en meros parámetros fríos contenidos en acuerdos generales, tablas, cuadros comparativos y otros instrumentos similares.

Claro que esto no quiere decir que esas diferentes herramientas no sean útiles como referentes al momento de calcular las posibles penas a solicitar, pero existe una gran diferencia entre tenerlas como parámetros o puntos de partida, y considerarlas reglas absolutas que deban aplicarse rigurosamente, como se hace con las fórmulas que comúnmente se enseñan en las clases de física y matemáticas.

Pero, en fin, todo esto significa que el defensor, en un momento dado, tendrá que adoptar el papel de observador externo y objetivo de los hechos, así como de conocedor de la realidad que se vive en la comunidad de la que esas personas forman parte. Y de este modo deberá hacerles ver, en primer lugar, que, si el hecho atribuido al imputado en realidad existió y en verdad le resulta la correspondiente responsabilidad, es necesario también estar conscientes del impacto social de esa conducta y estar dispuestos, en la medida de lo posible, a enfrentar las consecuencias con responsabilidad.

Por supuesto que esto no es fácil de aceptar por parte de los directamente interesados, puesto que se trata de una afectación a su esfera personal e incluso íntima, al imponerle un drástico cambio de vida durante todo el tiempo que transcurran en estado de reclusión, viviendo con personas a las que no conocían, con las cuales habrán de compartir espacios para tomar sus alimentos, así como para asearse y hasta para dormir.

Implica también, en la otra cara de la moneda, una separación y el consecuente distanciamiento de quienes integran su núcleo familiar, así como cierto grado de aislamiento respecto a lo que va ocurriendo en su comunidad, como si en las mentes de las personas recluidas el tiempo empezara a transcurrir con mayor lentitud, mientras en el "mundo exterior" los días, meses y años no esperan ni se detienen, lo que provoca que esta experiencia equivalga a haber estado en una condición de adormecimiento; y al despertar de la misma, los afectados tuvieran que ponerse al corriente de lo ocurrido durante su forzada ausencia.

Sin embargo, se estima que es indispensable que se produzca este proceso interno y, por ende, que exista la dosis suficiente de resignación y se lleve a cabo la labor de convencimiento y acompañamiento, en primer lugar, por parte del propio defensor y, en caso de ser necesario, con el apoyo de personas especializadas en psicología o trabajo social, entre otras.

Por consiguiente, se reitera, constituye una parte relevante de la labor de la defensa, en atención al deber de lealtad y de guardar la ética inseparable del ejercicio de su profesión, el planteamiento objetivo de los hechos al comunicarse con los afectados y, por difícil que resulte, evitar el ofrecimiento de objetivos poco realistas y la programación sistemática de audiencias que, de antemano, se vislumbran como notoriamente infructuosas.

No son necesarias las frases sacramentales

Una frase sacramental es, según la define la Real Academia Española (s.f.), una "fórmula consagrada por el uso o por la ley para determinadas circunstancias o determinados conceptos", en el entendido de que el vocablo fórmula es a su vez definido como una "manera fija de redactar algo".

Ahora bien, dado que en este capítulo se hace referencia a la comunicación con los intervinientes no técnicos de la relación procesal, estimo que es el lugar apropiado para incluir las reflexiones que se plasman a continuación sobre tales conceptos.

Es importante tener presente que, por una parte, no hay necesidad de ocultarles a las partes no técnicas los términos jurídicos que dotan de precisión a un enunciado relacionado con su proceso. Sin embargo, también ha de tenerse en cuenta que, al menos en el derecho procesal mexicano, no existen las frases sacramentales y, por tanto, son permisibles las explicaciones en términos sencillos, tanto por parte del juzgador durante la audiencia como cuando cada uno de los abogados se entrevista en privado con sus representados.

En efecto, la no exigibilidad de frases sacramentales se ha hecho visible en diversas tesis publicadas en el Semanario Judicial de la Federación, entre ellas la emitida por el Cuarto Tribunal Colegiado en Materia Civil del Primer Circuito (2002, reg. 186010), en la que se sostuvo lo siguiente:

> Las formalidades que se establecen en la ley para la realización de actos jurídicos procesales no son exigibles por la forma misma, ni su inobservancia acarrea necesariamente la nulidad de los actos en que ocurre, ya que la forma en los actos procesales tiene como propósito asegurar que se satisfaga el fin perseguido, principalmente dar a las partes audiencia, igualdad en el proceso, seguridad, celeridad, etc., de manera que la medida para determinar el alcance de las irregularidades que se cometan en las actuaciones,(sic) consiste en sopesar la satisfacción o insatisfacción del objeto para el que está destinada cada formalidad, y si este objetivo se cumplió, el acto no debe invalidarse.

Del mismo modo, cabe sostener, al menos según mi propio criterio, que ciertos requisitos de verificación, e incluso ciertos pronunciamientos, deben tenerse por satisfechos cuando se hayan comunicado mediante oraciones que, en esencia, tengan el contenido exigido por la normatividad aplicable.

Lo anterior adquiere un apuntalamiento aun mayor si se tiene en cuenta que en el idioma español abundan los sinónimos, y sabiendo que el sinónimo, citando nuevamente las publicaciones de la Real Academia Española, se define de la siguiente manera: "Dicho de una palabra o de una expresión: Que, respecto de otra, tiene el mismo significado o muy parecido, como empezar y comenzar". Así, por ejemplo, es común que durante una audiencia en la que se pretenda arribar a una forma de terminación anticipada del proceso, el juez de control le pregunte al imputado si está "debidamente informado de su derecho a un juicio oral y de los alcances del procedimiento abreviado", a fin de atender la condición contemplada en el inciso *a* de la fracción III del artículo 201 del código adjetivo de la materia.

No obstante, en caso de advertir falta de entendimiento por su respuesta o por su lenguaje corporal, es completamente válido que el juzgador haga nuevamente la pregunta con otras palabras. Una manera de hacer esto, entre otras, podría consistir en decirle al interesado que la ley le permite llevar su caso a juicio o ponerle fin al procedimiento en ese mismo momento mediante una forma de terminación anticipada, y luego cuestionarlo sobre su elección.

Ante tal escenario, el imputado podrá entonces decir que no está interesado en tener un juicio y que sólo quiere que el proceso se termine con el ofrecimiento que le han hecho las partes técnicas. Hecho lo anterior y una vez respondida la interrogante en esos términos, el requisito debe tenerse por colmado.

Otro ejemplo de lo que aquí se comenta podemos hallarlo en la fracción I del mismo artículo ya citado, según la cual, el juez de control habrá de verificar otro requisito consistente en "que el Ministerio Público solicite el procedimiento, para lo cual se deberá formular la acusación y exponer los datos de prueba que la sustentan".

En efecto, para dar cumplimiento a lo anterior, no será indispensable que el juzgador diga "estoy verificando que el fiscal plantee la solicitud, formule la acusación y exponga datos de prueba". Por el contrario, se entiende que el juez está verificando el cumplimiento de ese requisito al estar presente durante la audiencia y prestar atención a la exposición de la fiscalía, la cual sí contiene los elementos enumerados en la aludida porción normativa; y únicamente, de no ser así, deberá haber un especial pronunciamiento por parte de la autoridad judicial.

Lo mismo sucede con el requisito a verificar en términos de la fracción II del dispositivo legal que aquí se ha estado examinando como ejemplo, la cual exige "que la víctima u ofendido no presente oposición", a lo que agrega que "sólo será vinculante para el juez la oposición que se encuentre fundada".

Al respecto, resulta evidente que tampoco será indispensable que se diga que se ha verificado la ausencia de oposición, pues en algunas ocasiones no se contará con una parte ofendida individualmente identificada, mientras que en otras podría limitarse a decir que no tiene inconveniente alguno en lo tocante a la forma de terminación anticipada del proceso propuesta.

Por tanto, sólo en caso de que el sujeto pasivo del hecho ilícito manifiesta una oposición, será necesario que el juez de control determine si es fundada o infundada y resuelva lo consecuente. De este modo, la actividad jurisdiccional deberá tenerse como válida sin que el funcionario que preside la audiencia tenga que verbalizar todos y cada uno de ellos y menos aún repetir lo que el expositor ha dicho, como en algunas ocasiones se ha llegado a pensar. Es posible, desde luego, que esa creencia provenga de los tiempos de las resoluciones escritas en los que llegó a existir la muy arraigada práctica del ejercicio popularmente conocido como "copiar y pegar", o "copy-paste" por el origen anglófono de los conceptos.

Así, al seguir esa costumbre, se apreciaba que, en cada apartado de la sentencia, para mucha gente resultaba más fácil reproducir una y otra vez lo antes escrito que parafrasearlo o simplemente remitir al lector al capítulo correspondiente, y con lo que incluso se generaba un aparente valor agregado para quienes confundían cantidad con calidad y pensaban que una resolución era, cuanto más extensa, mejor.

Claro que, en un momento dado, la práctica de copiar y pegar tuvo su razón de ser, así como la ha tenido cada una de las conductas que al cabo de un tiempo siguen repitiéndose como aparentes costumbres, y la aquí comentada, según recuerdo, era del gusto de muchos por cuestiones de practicidad, ya que, para el destinatario del trabajo escrito, era más sencilla su lectura; y no debe olvidarse que aquel que escribe siempre debe tomar en cuenta a las personas hacia las que dirige su mensaje.

A ver, pongámonos en el lugar del que está leyendo y preguntémonos qué sería más fácil: ¿imponerse de la información contenida en el texto copiado y pegado, o bien, seguir una referencia que dice algo así como "lo que se advierte en el párrafo número siete del escrito de agravios que se transcribió en el apartado de antecedentes"?

Para el que escribe, de primera impresión, puede ser más lógico incluir la referencia en vez de repetir uno o varios párrafos; sin embargo, para el que está leyendo, en múltiples ocasiones resulta mejor la primera opción para poder seguir de corrido en vez de hacer una pausa y buscar el párrafo siete de lo que se copió en el capítulo de antecedentes, es decir, la práctica en cuestión obedece, como ya se ha anticipado, a cuestiones de funcionalidad.

Así, sin pretender convertir esta obra en un libro sobre historia del derecho, podemos pensar que, al inventarse la escritura, su uso principal era tan sencillo como el de apuntar las ideas a fin de que no cayeran en el olvido, siendo que ahora, gracias a los avances tecnológicos, ya muchas veces no es necesaria la utilización de los soportes tradicionales como el papel, y en ocasiones ni siquiera se hace indispensable la escritura como tal, pues en ciertas diligencias se sustituye en mayor o menor medida por los sistemas de grabación; como puede apreciarse en la redacción que presenta a partir del quince de septiembre de dos mil diecisiete el artículo 16 constitucional, que ahora establece en la parte final de su primer párrafo que "en los juicios y procedimientos seguidos en forma de juicio en los que se establezca como regla la oralidad, bastará con que quede constancia de ellos en cualquier medio que dé certeza de su contenido".

Al respecto, el Primer Tribunal Colegiado en Materia Penal del Primer Circuito (2021, reg. 2023894) ha sostenido que el referido precepto constitucional "permite prescindir de esa pieza escrita cuando quede constancia de ello en cualquier medio que dé certeza de su contenido, como la grabación de la audiencia donde se emite", sobre la cual afirma que "incluso brinda mayor certeza de lo acontecido y no sólo el lenguaje verbal, que sería lo máximo que recogería la versión escrita".

De este modo, podemos ubicarnos ahora en un escenario distinto que corresponda al sistema penal acusatorio que existe actualmente en México, en el cual, las diligencias se desarrollan oralmente en una sala de audiencias, y entonces, se trata de que el diálogo fluya entre los participantes, de modo que ninguno de ellos tendría la necesidad de transcribir ni reiterar lo dicho por los otros, sino que, apelando nuevamente al aspecto práctico y funcional, habrá de tomar nota de los puntos más relevantes y, al momento de referirse al dicho de una de las partes, retomará solamente las palabras que le parezcan indispensables para darle sentido a su disertación.

Y es que cuando menciono la palabra diálogo, lo hago con referencia a su sentido más amplio, es decir, esa "plática entre dos o más personas, que alternativamente manifiestan sus ideas o afectos", como define el término la Real Academia Española (s.f.). De la anterior definición, me permito destacar intencionalmente la palabra «plática», la cual, en efecto, suele darnos una idea de total informalidad, y es que, si bien es cierto que en las audiencias celebradas dentro de un proceso penal debe mantenerse un mínimo de formalidad, también lo es que no debe llegarse a extremos tales que mermen la fluidez y entorpezcan la sana comunicación.

Lo anterior, además, es claramente comprensible si se toma en cuenta que, por el hecho de resolver en el mismo momento, es evidente que, por regla general, no transcurrirá el tiempo suficiente para que se olvide lo que se ha planteado durante la audiencia, especialmente cuando se trata de aquellas cuya celebración le corresponde al juez de control, como la inicial y la intermedia que normalmente se desarrollan en un solo día, con excepción de los plazos previstos en el antepenúltimo párrafo del artículo 313 del Código Nacional de Procedimientos Penales, que dispone:

> Si el imputado manifestó su deseo de que se resuelva sobre su vinculación a proceso dentro del plazo de setenta y dos horas o solicita la ampliación de dicho plazo, el Juez deberá señalar fecha para la celebración de la audiencia de vinculación a proceso dentro de dicho plazo o su prórroga.

En casos como ése, sí será necesario llevar a cabo un ejercicio de memoria y es deseable que cada uno de los intervinientes se tome unos minutos para relacionar brevemente lo expuesto en la primera parte de la audiencia inicial, es decir, en la correspondiente a la formulación de imputación; no obstante, una vez hecho lo anterior, deberá retomarse la comunicación fluida de la manera más natural posible.

Del mismo modo, debe destacarse que no es recomendable irse al otro extremo, es decir, la no exigencia de frases sacramentales tampoco debe conducir a los intervinientes a la creencia de que basta con mencionar un dato o hacer una afirmación para que quede grabada en el sistema de registro, sino que deben tomar en cuenta que la audiencia constituye un verdadero ejercicio de comunicación y, por tanto, habrán de exponer y explicar claramente cada cuestión que estimen que debe ser atendida por el juez de control.

Por consiguiente, los ejercicios de lectura rápida en voz alta no resultan funcionales durante el desarrollo de las audiencias, máxime que el propio código adjetivo de la materia, en el segundo párrafo de su artículo 44, dispone claramente que "el Órgano jurisdiccional propiciará que las partes se abstengan de leer documentos completos o apuntes de sus actuaciones que demuestren falta de argumentación y desconocimiento del asunto".

Entonces, no se trata de que lo dicho simplemente se registre en una grabación ni de que los oyentes tomen dictado, sino de fijar posturas claras y respaldarlas con los datos de prueba existentes, puesto que, de lo contrario, después de cada exposición, sería indispensable decretar un receso de considerable duración a fin de revisar todo el contenido del archivo de audio y video, con la consecuente dilación en la impartición de justicia.

Lo anteriormente reflexionado nos permite recordar algunas de las recomendaciones de Roberto Quiroz (s.f., pp. 25 y 26), entre las que pueden destacarse aquellas que dicen: "No hagas una contribución más informativa de lo necesario", "evite la oscuridad de la expresión", "evite la ambigüedad", "sea breve" y "sea ordenado en la exposición", a lo que agrega: "Haga una síntesis al comienzo en la que se precise cuáles son las cosas que se propone demostrar, porque esto guía al auditorio y facilita la comprensión de la línea argumentativa".

Y es aquí donde tal vez voy a tener un choque de pensamientos con los amantes del principio de exhaustividad de la vieja escuela, porque el hablar de técnicas de litigación nos conduce a la duda sobre hasta qué punto le corresponde a cada una de las partes pagar el precio de una mala práctica durante la audiencia oral.

En otras palabras, ¿cuál debe ser la postura del revisor? Y aquí hablo de revisores en un sentido amplio para referirme a todo aquel juzgador que deba conocer de impugnaciones contra las decisiones de un juez de control en vía de apelación o incluso en un juicio de amparo.

Por una parte, es evidente que, al recibir los archivos de audio y video de la audiencia de la que emane la determinación combatida, el revisor tendrá a su disposición todos y cada uno de los detalles de lo que se dijo en esa diligencia y será total su acceso a cada palabra que en su momento se haya pronunciado; e incluso podrá realizar o solicitar a un subalterno la transcripción de la grabación para leerla, tomar notas, releerla y reflexionar sobre ella minuto a minuto, aunque, desde luego, esto no implica que el auxilio de los colaboradores sustituya la actividad por la que cada juzgador se impone de todo registro de manera personal y directa.

Pero, por otro lado, estimo que sería necesario que nos preguntáramos hasta qué punto el revisor debe ponerse en el lugar de la parte inconforme, hasta dónde debería ser empático con la contraparte e incluso qué tanto tendrá que asumir la postura del propio juez de control que resolvió el asunto en la misma audiencia con lo que resultó de lo expuesto en ese instante por los intervinientes.

Veamos, la pregunta que trata de plantear es la siguiente: ¿Qué tan válido resulta que el quejoso o recurrente pretenda destacar a través de un medio de defensa una cuestión que debió haber expuesto claramente ante el juzgador e incluso enfatizarla y reiterarla suficientemente a fin de asegurarse de que en ese momento fuera tomada en consideración?

Asimismo, me parece que representa una labor titánica para el revisor la tarea de dilucidar en qué casos la aparente falta de atención a un argumento se debió a su deficiente introducción y, más difícil todavía, determinar si en realidad el referido planteamiento fue o no tomado en cuenta, es decir, si existen o no razones para considerar que lo expresado por el juez de control engloba o no el aspecto sobre el que ha insistido el inconforme al redactar el memorial que contiene sus conceptos de violación o de agravio.

Esto es así, dado que es muy delgada la línea divisoria entre lo atendido y lo definitivamente ignorado, puesto que, por regla general, el juzgador atiende los planteamientos de las partes desde el mismo momento en el que se encuentra presente en la sala de audiencias y, como una consecuencia natural de su presencia, oye lo que está expresando cada litigante.

Además, debe tomarse en cuenta que los actos de autoridad gozan de la presunción de legalidad. Así lo destaca, por ejemplo, Carlos Rubén Silva Urías (2020), al señalar que "los actos de las autoridades se consideran válidos, así como legales, y surtirán todos sus efectos jurídicos hasta en tanto que dicha presunción de legalidad no sea desvirtuada mediante una declaratoria de un órgano administrativo, contencioso o jurisdiccional".

Como consecuencia de lo anterior, puede entenderse que, al resolver, el funcionario judicial lo hace con base en lo ya dicho por los intervinientes y, por tanto, todas las alegaciones deben tenerse por atendidas o, al menos, debe partirse de la premisa de que, por regla general, toda argumentación expresada en la sala de audiencias es atendida al momento de resolver la cuestión efectivamente planteada y, de esta manera, resulta evidente que el ignorar un punto de relevancia habrá de considerarse como un caso de mera excepción que, como tal, debe ser suficientemente demostrado.

Y aquí me refiero a la demostración, no únicamente en sentido estricto, sino, por el contrario, en la forma más amplia de entenderla, especialmente en el aspecto argumentativo, es decir, no bastará con tener un video de la audiencia respecto del cual pueda elaborarse una lista de verificación que contenga las cuestiones planteadas por las partes, de la que puedan ir descartándose las que efectivamente han sido atendidas y dejarse sin marcar aquellas que no lo fueron, sino que más bien advierto que sería indispensable llevar a cabo un verdadero ejercicio de razonamiento y examinar con toda franqueza si de las motivaciones expresadas por el juzgador se advierte que esté tomando en cuenta los puntos materia de controversia y, en caso de estimar que no es así, habrá que justificar esta postura.

En otras palabras, habrá que explicar por qué se piensa que las consideraciones del juez de control resultan totalmente ajenas a las pretensiones de los litigantes, puesto que, como se expresa en esta misma obra, estamos ante un sistema jurídico que no requiere de frases sacramentales y, además, contamos con un idioma sumamente rico en sinónimos; a lo que se suma el hecho de que no trabajamos con meros números, sino con hechos en los que están involucrados varios seres humanos y, por consiguiente, es indispensable prestar más atención a las ideas que se tienen sobre los sucesos y muchísima menos a la rigidez a la que conduce una palabra si se le contempla de manera aislada y hueca.

Reflexiones adicionales y conclusiones

Una reflexión adicional.

¿Cuál es el papel de los medios de comunicación?

¡La gran pregunta del millón de dólares!

Sí, durante el proceso intelectual llevado a cabo en la escritura de la presente obra, me surgió esa pregunta y consideré que no estaría de más incluirla en un capítulo adicional... ¿Qué postura deben asumir los periodistas cuando asistan a una audiencia en la que se admita un procedimiento abreviado y, por ende, culmine el proceso penal mediante esta forma de terminación anticipada?

En el aspecto legal, en primer lugar, deben atender las indicaciones del juez de control y, en general, del personal de la sala asignada para la celebración de la audiencia y, desde luego, guardar la debida compostura durante el desarrollo de ésta. Por otra parte, resulta evidente e ineludible la obligación que tienen de ceñirse a las normas en vigor, como las contenidas en el Código Nacional de Procedimientos Penales (2014), principalmente en sus artículos 5, último párrafo, y 55, último párrafo, así como en los diversos dispositivos 29, 30 y 31 del Acuerdo

General 36/2014 del Pleno del Consejo de la Judicatura Federal, que regula los Centros de Justicia Penal Federal (2014).

En el aspecto ético, es evidente que debe distinguirse, en primer lugar, la diferencia entre informar y desinformar, por lo que es importante proporcionar al público una exposición veraz y completa de los hechos, es decir, contar lo ocurrido sin omitir ni añadir circunstancias, pues no se trata de generar un rumor, sino de publicar una buena nota periodística.

En lo tocante a otras cuestiones, principalmente el aspecto profesional, es necesario seguir una sencilla regla de oro: verificar toda la información antes de publicarla y no exponerse como un charlatán. De entrada, el que fue a la audiencia y la presenció de principio a fin, ya tiene una ventaja sobre aquellos otros que no lo hicieron, pues cuenta, evidentemente, con información de primera mano.

Asimismo, estimo pertinente destacar que no es lo mismo ser reportero que ser *opinólogo*, siendo que este último término, aunque hasta este momento no ha sido aceptado por la Real Academia Española, sí se encuentra mencionado ya como expresión coloquial y despectiva del español que se habla en algunos países de América Latina.

Entre las fuentes que contienen dicho término, se encuentra el "diccionario libre", cuyo nombre original en inglés es "The Free Dictionary" (s.f.), en el que se ha plasmado lo siguiente:

> opinólogo, a --- s. m. y f. Chile, Perú coloquial, despectivo Persona que trabaja en un medio de

comunicación opinando sobre diversos temas en los que no es necesariamente experta.(sic)

Así también, en el diccionario de Sensagent (s.f.), se destaca que "Opinólogo es un término despectivo aplicado a personas que, generalmente en los medios de comunicación, opinan sobre cualquier tema como si fueran especialistas".

Ahora, ¿por qué destaco la existencia de esta expresión tan incómoda?

Es muy sencillo. Se debe a que, aun cuando una persona esté presente durante toda una diligencia y no pierda detalle desde su inicio hasta su cierre, no debe pasarse por alto que las cuestiones técnicas de cada disciplina, en todo caso, deben ser examinadas por los especialistas en la materia de que se trate.

A manera de ejemplo, vienen a mi memoria dos casos concretos y, afortunadamente para los lectores, en uno puede destacarse una actitud incorrecta y en el otro una postura bastante acertada. En el primero de estos casos, a un periodista que no estuvo presente en la audiencia, se le ocurrió publicar una nota en la que afirmaba que los jueces de Tijuana estábamos dedicados a "liberar delincuentes", y hacía referencia a una resolución en específico que había sido dictada en una audiencia inicial.

Aquí lo que podemos ver, en primer lugar, es la expresión "liberar delincuentes", que no me parece del todo acertada, máxime si se toma en cuenta la connotación negativa que se le da en nuestros tiempos, y que, si la analizamos, veremos que su uso constituye, en la mayoría de los casos, una mala práctica, pues, para empezar, la palabra delincuente tiene los siguientes significados:

Primero, tenemos el que proporciona la Real Academia Española (s.f.), que define el término diciendo solamente "que delinque", lo que nos llevaría a preguntarnos qué significa delinquir, siendo que dicho verbo es a su vez definido como "cometer delito", y esto, entonces, nos conduce a la definición de este último sustantivo al que se hace referencia como una "acción u omisión voluntaria o imprudente castigada por las leyes penales".

Por su parte, Rafael de Pina y Rafael de Pina Vara (2008), nos dicen que el delincuente es el "autor de uno o varios delitos" (p. 218), y que un delito es un "acto u omisión constitutivo de una infracción de la ley penal" (p. 219).

Asimismo, en la Enciclopedia Jurídica Latinoamericana del Instituto de Investigaciones Jurídicas de la Universidad Nacional Autónoma de México (2006), se le define como "aquella persona que ha cometido un delito" (p. 164), y se hace referencia al delito como "acción u omisión ilícita y culpable expresamente descrita por la ley bajo la amenaza de una pena o sanción criminal" (p. 165).

Como puede verse, las definiciones citadas llevan implícito el elemento normativo consistente en que la conducta atribuida a la persona actualice la hipótesis prevista en la legislación penal aplicable, siendo que el órgano jurisdiccional es el único que puede, en un momento dado, establecer válidamente si ese supuesto se ha materializado en cada caso concreto.

De esta manera, es evidente que, en muchas ocasiones, no es que el juez ponga en libertad a un delincuente, sino que, en ejercicio de sus atribuciones, determina que en realidad no lo es.

Por otro lado, es un error pensar que todo aquel que fue sentenciado por la comisión de un delito (ya que de otro modo no sería delincuente) debe permanecer indefinidamente privado de su libertad, de manera que, en un momento dado, el juez competente tendrá que ordenar la libertad de aquel que, por compurgación de la pena u otra causa legal, ya no deba seguir en estado de reclusión.

Para acabarla de amolar, en el caso concreto al que me refiero, el supuesto delincuente sólo era un pobre individuo al que encontraron orinando en las inmediaciones del lugar de detención de otras dos personas que estaban en un vehículo en el que hallaron unas armas, y así, por una confusión de los primeros respondientes, lo condujeron también a la fiscalía federal y, posteriormente, al Centro de Justicia Penal Federal.

Ahora, también me permito mencionar lo ocurrido en el fragmento de un programa de radio que oí por casualidad cuando trabajaba en el estado de Quintana Roo, aunque, desgraciadamente, no recuerdo los nombres de los participantes ni de la estación emisora.

Lo que pasó fue que, en esa cápsula informativa, el locutor mencionó un hecho ocurrido dentro de un proceso penal, e inmediatamente le surgió una duda, y entonces, hábilmente, tomó la decisión de llamar por teléfono a un abogado de confianza y pedirle que le permitiera poner la llamada al aire e hiciera el favor de aclarar la parte que los conductores no habían entendido, y así, en unos minutos, el asunto quedó completamente explicado tanto para ellos como para el público en general.

Espero que aquellos comunicadores que lean libros como éste se apuren a poner en práctica, cada vez en mayor medida, algunas de las recomendaciones que contienen.

Así que ya lo saben: ¡A cuidar la veracidad de la información!

Para cerrar, la participación de la ciudadanía

¿Entonces a todos nos toca?

Sí, a todos nos toca. Recordemos que uno de los principios del sistema penal acusatorio es el de publicidad, y esto significa que, tal como lo dispone el artículo 5.º del Código Nacional de Procedimientos Penales (2014), “las audiencias serán públicas, con el fin de que a ellas accedan no sólo las partes que intervienen en el procedimiento sino también el público en general”.

Incluso hay que recordar que la Convención Americana sobre Derechos Humanos (1969), en su artículo 8.5, establece que “el proceso penal debe ser público, salvo en lo que sea necesario para preservar los intereses de la justicia”. De conformidad con lo anterior, puede decirse que, actualmente, la mala noticia es que entre nuestra población existe una gran cantidad de dudas sobre la procuración e impartición de justicia, agravada al mismo tiempo por una dosis similar de desinformación. Ahora, la buena noticia es que la transparencia es un buen antídoto contra la desinformación, sin importar si esta última se ha producido de mala fe o por una simple equivocación.

Por consiguiente, es responsabilidad también de cada habitante de nuestro país vigilar la buena marcha de las audiencias públicas e incorporar al aspecto cultural de su vida cotidiana la costumbre de acudir a presenciarlas cada cierto tiempo y así contar con información de primera mano sobre el despacho de las causas penales que se ventilen en su localidad. Entonces, al ir armándose todos con estas buenas prácticas, muy pronto estarán en aptitud de confrontar los comentarios populares que se propagan de boca en boca con los hechos efectivamente presenciados por medio de sus propios sentidos.

Cabe agregar a lo anterior, que mucho se ha hablado en estos tiempos acerca de la necesidad de dictar resoluciones en un lenguaje sencillo a fin de que sean comprensibles para el común de la población. Esto en parte es cierto, ya que a ningún fin práctico conduce la elaboración de discursos con palabras rebuscadas de cuyo significado no está del todo convencido ni aquel que las emplea al preparar la disertación de que se trate; e incluso he de decir que el hablar con expresiones de carácter equívoco podría tomarse como uno de los pecados capitales de la oratoria.

De hecho, recomendaciones como ésta se advierten por parte de autores como Juan Pablo Gómez Fierro, Humberto Suárez Camacho y Antonio Mortera Díaz (2021, p. 163), quienes mencionan que “en la redacción del proyecto de sentencia deben observarse los principios de claridad, precisión y la concisión”, a lo que agregan que “la claridad se obtiene con explicaciones sencillas”, así como con “el empleo de términos usuales”, entre otros recursos.

En efecto, eso es parte de la responsabilidad de quien redacta una resolución escrita o de quien ordena sus ideas antes de comunicar oralmente una decisión en la sala de audiencias.

Sin embargo, en este breve capítulo estamos hablando de aquello que le corresponde hacer a la ciudadanía en general, por lo que estimo que también es conveniente ocuparnos de la otra cara de la moneda, puesto que, así como debe eliminarse toda expresión confusa innecesaria, también es una verdad innegable que no puede pasarse por alto, en momentos específicos, el empleo de los términos técnicos que dotan de precisión a un enunciado determinado.

En consecuencia, parte del deber del ciudadano común consiste también en ir ampliando su acervo cultural y, como parte de ello, ir enriqueciendo su vocabulario mediante la lectura de libros y documentos de cierta calidad, la consulta de diccionarios cada vez que tengan dudas sobre uno o varios vocablos, y la comunicación abierta con los especialistas que estén en aptitud de ayudarlo a desentrañar el sentido de aquellas oraciones que no le queden lo suficientemente claras, ya sea que las hayan oído en una audiencia o en un programa de opinión o de noticias, o que las estén leyendo en informes, autos, sentencias y otros documentos de naturaleza similar.

De esta manera, si siguen las recomendaciones contenidas en este apartado, estimo que nunca habría podido aplicarse mejor la expresión popular que dice: “Que no le digan, que no le cuenten”.

Conclusiones

De todo lo ya expuesto a lo largo de esta obra, podemos concluir, en primer lugar, que el procedimiento abreviado es una forma de terminación anticipada del proceso, no por imprimir mayor velocidad en cada etapa de éste, sino por cuanto constituye una vía para concluirlo sin necesidad de agotar ciertas etapas, como lo son la intermedia y la de juicio oral.

Hemos visto también que, para la procedencia de esta forma de terminación anticipada del proceso, es necesario que se solicite en ese preciso momento que se ubica en un punto temporal posterior al dictado del auto de vinculación a proceso, pero necesariamente anterior a la emisión del auto de apertura a juicio oral.

Se ha destacado también que dicha solicitud ha de plantearla precisamente el agente del Ministerio Público ante el juez de control, y que deberá estar acompañada de la respectiva acusación, misma que, a su vez, debe sustentarse en datos de prueba que resulten de utilidad para corroborar el hecho ilícito atribuido al acusado.

Asimismo, se ha hecho notar la participación de cada uno de los demás intervinientes y, por ello, se ha señalado que al defensor le corresponde, básicamente, asesorar al imputado y, además, constatar que los datos de prueba invocados por la fiscalía al solicitar la admisión del procedimiento abreviado y formular la correspondiente acusación realmente obren en la carpeta de investigación.

Se hizo referencia también a la necesidad de que el acusado admita su responsabilidad en lo tocante al hecho materia de la acusación, y que lo haga de manera informada, es decir, con conocimiento del derecho que tiene de llevar su caso a juicio y a sabiendas de que entonces gozaría del principio de presunción de inocencia, es decir, que la carga probatoria le correspondería a la representación social y estaríamos hablando de un estándar probatorio que superara toda duda razonable.

Del mismo modo, el acusado debe estar consciente de las diferencias entre el juicio oral y el procedimiento abreviado y conocer los alcances de cada una de estas opciones procesales con las que cuenta.

Por otro lado, están la víctima o parte ofendida y su asesor jurídico, quienes, naturalmente, perseguirán como objetivo principal la reparación del daño, y en caso de oponerse a la admisión del procedimiento abreviado, sus objeciones tendrán que estar enfocadas en cuestiones que guarden relación directa con dicha forma de resarcimiento por la afectación derivada de la conducta delictiva.

Además, se hizo referencia a la importancia de guardar un justo equilibrio al establecer el monto y forma de la reparación del daño, a fin de no dejar desprotegida a ninguna de las partes en conflicto, por lo que dichas cuestiones sí quedan a cargo del juez de control, a diferencia de las penas solicitadas y aceptadas en la audiencia, las cuales no habrán de modificarse.

Se tomaron en cuenta también las ventajas que ofrece esta forma de terminación anticipada del proceso: menor desgaste por la actividad procesal; menor tiempo de cumplimiento de medidas cautelares; menor exposición al posible acoso en redes sociales; pronta obtención de la reparación del daño; y, por supuesto, la reducción de las penas. E incluso se destacaron algunas de las aristas que en un momento dado podría presentar una audiencia de juicio oral, sin descartar la necesidad de esta última en ciertos casos específicos.

Sobre esto último, se propuso también dirigir una mirada a otros sistemas jurídicos, como lo es el estadounidense, y aprovechar la experiencia de sus operadores a fin de echar mano a recursos provistos de manera implícita por nuestra legislación, en los que podrían hallarse soluciones incluso más adecuadas a cada uno de los casos particulares mediante reclasificaciones e incluso supresiones de uno o más tipos penales en caso de duda sobre la posible subsunción de unos en los otros.

Pero, sobre todo, se ha enfatizado la imperante necesidad de pugnar por la constante y debida observancia de los preceptos contenidos en nuestra Carta Magna como base fundamental del derecho mexicano.

En adición a lo anterior, pienso que aquí cabría mencionar que, al estar realizando un análisis humanista sobre esta figura procesal, también debería tomarse en cuenta que, en la práctica, es más común que las personas se queden con un mejor sabor de boca después de haber logrado construir una solución hasta cierto punto amistosa, que luego de librar una verdadera contienda, independientemente de lo que al final hayan obtenido o perdido.

Desde luego que no se pretende que el sujeto activo y el pasivo se vuelvan amigos, pero al menos debe evitarse, en la medida de lo posible, que un conflicto entre dos seres humanos, mismo que suele ser resultado de su propia naturaleza, se convierta en una enemistad permanente.

Tampoco es mi intención dar a entender que el procedimiento abreviado es la única vía prudente para ponerle fin a una controversia de carácter penal, ya que, para tomar ese tipo de decisiones, las partes técnicas deberán examinar, en cada caso particular, en el aspecto técnico, los pros y los contras de las opciones que la ley les ofrece.

Así también, es deber de los profesionales del derecho brindar información veraz y suficiente a las partes no técnicas, a fin de que éstas, en ejercicio de su libre albedrío, tomen la decisión que consideren más favorable a sus propios intereses, tanto en el aspecto material como en otros ámbitos en los que puedan verse afectadas.

Por otra parte, se destacó la importancia que tiene la participación de todos los actores de nuestra sociedad en la construcción de soluciones más eficaces y justas para la gran cantidad de casos particulares que habrán de ser resueltos ante los órganos jurisdiccionales.

Y así, se hizo referencia, principalmente, a los deberes éticos, tanto de los comunicadores formales e informales como de la ciudadanía en general, pues nadie es ajeno a la necesidad de ir avanzando hacia escenarios cada vez más justos en los que la verdadera equidad no sea derrotada por el fantasma de la desinformación. Si estamos viviendo una época en la que todos opinamos, también es evidente que todos debemos constatar la veracidad de lo que difundimos. Por tanto, se hizo notar la relevancia de eliminar las prácticas que suelen conducir a la distorsión de la realidad, tanto por mala fe como por un desconocimiento, hasta cierto punto culpable, derivado de la falta de actividad en el ámbito de la cultura jurídica.

Por tales circunstancias, las veces que tengo la oportunidad de dirigirme a algún público, principalmente en las casas de la cultura de la Suprema Corte de Justicia de la Nación, procuro animar a quienes asisten a cada evento para que se tomen de vez en cuando un par de horas para ir a presenciar una audiencia. Así también, suelo exhortarlos para que sigan acudiendo a estas actividades jurídico-culturales e invitar a sus conocidos a hacer lo mismo, pues la educación jurídica es importante y, por consiguiente, es necesario que se cuente con la debida labor de difusión.

De conformidad con lo anterior, también es evidente que, por el otro lado, los que en algún momento funjamos como expositores tenemos el deber de hacer aportaciones amenas, interesantes y, sobre todo, apegadas a una impecable veracidad, a fin de que se cumpla con los objetivos aquí propuestos y la organización de charlas y conferencias no se quede en el ámbito de las buenas intenciones.

En efecto, como lo he dicho otras veces, no es que todos tengan la obligación de ser peritos en derecho, pero sí de conocer, al menos en un nivel básico, sus derechos y obligaciones, pues se vuelve letra muerta toda aquella norma que nadie hace valer.

En adición a lo anterior, se destacó la importancia de no perder de vista que el juzgador no es parte en las pláticas de negociación, y que tampoco es necesario sostener conversaciones previas a las audiencias que puedan dar lugar a interpretaciones poco convenientes e incluso mancillar la imagen de los profesionales del derecho, tanto en lo individual como en el ámbito general de todo el gremio al generar percepciones imprecisas aun en los casos en los que se cuente con las más nobles intenciones.

Se mencionó que en nuestro sistema jurídico no es necesario el uso de frases sacramentales, y, por ende, basta con el empleo de enunciados que en esencia rescaten el contenido legalmente exigido.

Se hizo notar también que existen significativas diferencias entre el procedimiento abreviado como forma anticipada de terminación de proceso y la suspensión condicional del mismo como vía alternativa de solución del conflicto.

Finalmente, para cerrar este apartado, me gustaría invitar a los lectores a no quedarse solamente con lo comentado en este libro y, por el contrario, seguir día con día buscando más información y llevando a cabo sus propias reflexiones en una búsqueda incansable por mejorar lo que ya se tiene.

El marco legal actual nos brinda todo un abanico de opciones y, si las aprovechamos adecuadamente, estaremos en el camino correcto para seguir construyendo una gran nación y dejar un magnífico legado a las nuevas generaciones de estudiosos del derecho y, sobre todo, a las nuevas generaciones de ciudadanos.

Y recuerden que éste es el final únicamente del libro, no de la comunicación, pues todos seguiremos tomando parte en el viaje de la vida y, a fin de cuentas, siempre nos quedarán pendientes muchas actividades por compartir: cursos, talleres, conferencias y, lo mejor de todo, charlas en el café y, de vez en cuando, hasta en el Valle de Guadalupe. ¡Salud!

Referencias bibliográficas

Acevedo Navas, M. (2023). La reparación del daño. Edición Kindle.

Acuerdo General 36/2014 del Pleno del Consejo de la Judicatura Federal, que regula los Centros de Justicia Penal Federal. Diario Oficial de la Federación de 19 de noviembre de 2014.

Acuerdo A/017/15 por el que se establecen los criterios generales y el procedimiento que deberán observar los agentes del Ministerio Público de la Federación, para solicitar la pena en el procedimiento abreviado. Diario Oficial de la Federación de 23 de febrero de 2015.

Brito Salcedo, A. (2018). Manual de mecanismos, soluciones alternas y procedimiento abreviado en el sistema penal acusatorio. México: Anaya.

Casado, L. (2011). Diccionario de derecho. (2ª ed.). México: Vallarta.

Cisneros Vidales, E. (2019). La reinserción social como derecho humano del sentenciado. Recuperado el 12 de marzo de 2024 de https:// revistas.juridicas.unam.mx/index.php/hechos-y-derechos/article/download/13477/ 14883

Código Nacional de Procedimientos Penales. Diario Oficial de la Federación de 5 de marzo de 2014 (última reforma publicada en el Diario Oficial de la Federación de 26 de enero de 2024).

Código Penal Federal. Diario Oficial de la Federación de 14 de agosto de 1931 (última reforma publicada en el Diario Oficial de la Federación de 17 de enero de 2024).

Código Procesal Penal (1992). Recuperado el 26 de marzo de 2024 de http://leydeguatemala.com/codigo-procesal-penal/45/

Constitución Política de los Estados Unidos Mexicanos. Diario Oficial de la Federación de 5 de febrero de 1917 (última reforma publicada el 22 de marzo de 2024).

Convención Americana sobre Derechos Humanos, adoptada en San José de Costa Rica y abierta a firma el 22 de noviembre de 1969. Diario Oficial de la Federación de 7 de mayo de 1981.

Corona, P. (2016). ¿Qué es el ciberbullying? Recuperado el 11 de marzo de 2024 de https://www.gob.mx/ciberbullying/articulos/que-es-el-ciberbullying

Couture, E. (s.f.). Decálogo del abogado. Recuperado el 28 de febrero de 2024 de http://historico.juridicas.unam.mx/publica/librev/rev/facdermx/cont/238/trj/trj13.pdf

Cueva Carrión, L. (2015). Reparación integral y daño al proyecto de vida. Ecuador: Cueva Carrión.

Díaz de León, M. (2004). Diccionario de derecho procesal penal. Tomo II. (5ª ed.). México: Porrúa.

Domínguez Paz, K. y Pérez Guzmán, F. (2024). Psicología criminológica en 80 preguntas. México: Terracota.

DW Español (2023). El flagelo de la impunidad sistemática y cómo disminuirla. Recuperado el 13 de marzo de 2024 de https://www.youtube.com/watch?v=r4IQjxCieIE

Editorial Etecé (s.f.). Redes sociales. Recuperado el 5 de marzo de 2024 de https://concepto.de/redes-sociales/

Feria Cázares, G. (2013). La reinserción social en México. México: Flores.

Flores Martínez, C. (2023). El procedimiento abreviado en México. México: Flores.

Gómez Fierro, J. et al (2021). Elaboración de proyectos de sentencia. México: Porrúa.

González Lagier, D. (2022). Inferencia probatoria y valoración conjunta de la prueba. En Jordi Ferrer Beltrán (Coord.). Manual de razonamiento probatorio (pp. 353-396). México: Suprema Corte de Justicia de la Nación.

González Matías, L. (2019). Cadena de custodia en el sistema penal acusatorio. México: Trillas.

González Postigo, L. (2019). Justicia penal adversaria. Argentina: Ad-Hoc.

González Urzaiz, F. (2008). Cuentos para conocedores. México.

Hidalgo Murillo, J. (2022). Procedimiento abreviado. México: Flores.

Iberdrola (s.f.). Qué es el 'machine learning'. Recuperado el 2 de abril de 2024 de https://www.iberdrola.com/innovacion/machine-learning-aprendizaje-automatico

IBM (s.f.). ¿Qué es deep learning? Recuperado el 2 de abril de 2024 de https://www.ibm.com/es-es/topics/deep-learning

Judicial Council of California (2024). Plea form. Recuperado el 19 de marzo de 2024 de https://selfhelp.courts.ca.gov/jcc-form/CR-101

Kross, E. (2021). Tu diálogo interior. México: Océano.

Lara González, H. (2020). La etapa intermedia en el proceso penal acusatorio (2ª ed.). México: Bosch.

León Vásquez, J. (2023). Introducción al derecho comparado. Perú: PUCP.

Lewis Carroll (s.f.). Alicia en el país de las maravillas. Edición Kindle.

Ley Federal de Armas de Fuego y Explosivos. Diario Oficial de la Federación de 11 de enero de 1972 (última reforma publicada en el Diario Oficial de la Federación de 6 de diciembre de 2022).

Ley Nacional de Ejecución Penal. Diario Oficial de la Federación de 16 de junio de 2016.

Martínez Ocampo, J. (2022). Linchamiento mediático y presunción de inocencia. Revista Abogacía. Recuperado el 8 de marzo de 2024 de https://www.revistaabogacia.com/jorge-luis-martinez-ocampo-presuncion-de-inocencia/

Meza Fonseca, E. (2014). Las soluciones alternas y formas de terminación anticipada en el proceso penal acusatorio. México: Bosch.

Ocegueda Hernández, J. (s.f.). Despersonalización Mediática: Abuso linchamiento y genocidio. España: Letrame (Edición Kindle).

Ovando Ramón, L. (2015). Medidas cautelares en el Código Nacional de Procedimientos Penales. México: Flores.

Pacto Internacional de Derechos Civiles y Políticos, abierto a firma en Nueva York, E.U.A., el 19 de diciembre de 1966. Diario Oficial de la Federación de 20 de mayo de 1981.

Pina, R. de y Pina Vara, R. de (2008). Diccionario de derecho (37ª ed.). México: Porrúa.

Quiroz, R. (s.f.). Litigación penal: principio y fin. Edición Kindle.

Real Academia Española (s.f.). Recuperado el 28 de febrero de 2024 de https://dle.rae.es/

Ruiz Sánchez, M. (2016). Derecho procesal penal acusatorio (2ª ed.). México: Flores.

Salvioli, F. (2022). La edad de la razón. México: Instituto Interamericano de Responsabilidad Social y Derechos Humanos.

Sánchez Cebrián, V. (s.f., p. 6). Los peligros de Internet: Cómo educar a nuestros hijos en ciberseguridad. Edición Kindle.

Sánchez Torres, O. (2023). El procedimiento abreviado. México: Flores.

Schünemann, B. (2007). ¡El derecho penal es la ultima ratio para la protección de bienes jurídicos! Estados Unidos: Digiprint.

Senado de la República (s.f.). Recuperado el 29 de febrero de 2024 de https://www.senado.gob.mx/comisiones/justicia/docs/Iniciativa/Anteproyecto_Dictamen_CNPP_211113.pdf

Sensagent (s.f.). Recuperado el 7 de marzo de 2024 de https://diccionario.sensagent.com/

Silva Urías, C. (2020). Presunción de validez y legalidad de los actos de autoridad. CRS Abogados. Recuperado de https://crsabogados.com/2020/10/01/presuncion-de-validez-y-legalidad-de-los-actos-de-autoridad/

Suprema Corte de Justicia de la Nación. Semanario Judicial de la Federación. Recuperado de https://sjf.scjn.gob.mx/SJFSist/Paginas/tesis.aspx

Tenorio Cueto, G. (2006). Humanismo jurídico. México: Porrúa.

Tenorio Cueto, G. (2007). Humanismo jurídico. Facultad de Derecho de la Universidad Panamericana. Recuperado el 8 de marzo de 2024 de https://biblio.juridicas.unam.mx/bjv

The Free Dictionary (s.f.). Recuperado el 7 de marzo de 2024 de https://es.thefreedictionary.com/

Universidad Nacional Autónoma de México. Instituto de Investigaciones Jurídicas (2006). Enciclopedia jurídica latinoamericana (tomos I, IV y IX). México: Porrúa.

Valadez Díaz, M. (2021). Procedimiento abreviado. México: Flores.

Villanueva Castilleja, R. (2015). La reinserción social en México con un enfoque complementario. Recuperado el 12 de marzo de 2024 de https://revistas-colaboracion.juridicas.unam.mx/index.php/nova-iustitia/article/viewFile/36367/33288

Witker Velásquez, J. (2019). Hacia una nueva investigación jurídica. México: Porrúa.

Nota: Las referencias incluidas en este libro provienen de las consultas realizadas en el momento de elaborar el capítulo correspondiente. Para obtener una versión actualizada, se recomienda consultar las fuentes oficiales.

Licenciado en Derecho por la Universidad Autónoma de Yucatán, maestro en Derecho Procesal Penal por el Centro de Estudios de Posgrado y actualmente doctorante en la Fundación Universitaria Iberoamericana.

Fue docente en el Instituto de Estudios Superiores de Yucatán, donde impartió las materias de Historia del Derecho Mexicano y Lógica Jurídica, así como en el Centro Escolar Felipe Carrillo Puerto, con cátedras sobre Derecho Económico Mexicano y Sistema Económico Mexicano. Ha colaborado como secretario proyectista en diversos órganos jurisdiccionales y como docente en el Instituto de la Judicatura Federal, al hacerse cargo de varios cursos. Ocupa el cargo de juez de distrito desde octubre de 2017 en el Centro de Justicia Penal Federal en el estado de Baja California, con sede en Tijuana.

Made in the USA
Monee, IL
29 July 2025

21752476R00134